KB088929

하루 만에 대박 주식 찾는
워렌 버핏의 재무제표 파헤치기

하루 만에 대박 주식 찾는

✓

워렌 버핏의
재무제표

파헤치기

전인구 지음

한국경제신문*i*

주식을 10년 넘게 하다 보니 주식으로 돈 번 사람들과 돈을 잃는 사람들의 차이점을 알게 됐다. 역설적이게도 주식으로 돈을 꾸준히 버는 사람들은 무한한 수익률을 얻을 수 있는 주식 시장에서 욕심을 부리지 않았다. 반대로 돈을 잃는 사람들은 욕심을 이기지 못했다. 더 수익률이 높은 투자만을 바라봤다. 욕심꾸러기 주식 투자자를 참 많이 봤지만 그 중 10년 넘게 시장에서 살아남는 사람을 보지 못했다.

주식 시장에서 오랫동안 살아남은 사람들은 아이러니하게도 높은 수익률을 올리며 자산이 크게 불어났다. 10년 넘게 참여한 주식 모임만 봐도 그사이 다들 자산이 크게 불어났다. 대략 평균 10배가량 늘었다. 자산이 불어났다는 공통점 외에도 이들은 가치 투자를 하고, 재무제표를 반드시 확인한다. 그리고 그 재무제표를 단순히 기업에서 제시하는 대로 읽고 해석하는 것이 아니라 자체적으로 한 번 더 검증을 거쳐서 해석한다. 그러면 남들은 알 수 없는 알짜 기업을 찾아낼 수 있다. 그렇게 괜찮은 기업을 찾아서 투자했으면 오를 때까지 기다린다. 시간이 지나면 어느덧 그 주식은 큰 수익을 내준다. 이것이 단순하지만 중요한 가치 투자 방법이다.

워렌 버핏(Warren Buffett)을 좋아해서 그를 연구하고, 그의 투자 철학을 공유하고, 주식에 10년 넘게 도입해본 결과, 이제는 버핏의 투자 철학을 누군가에게 논할 수 있는 수준이 됐다고 생각한다. 그도 평생을 투자하면서 몇 번은 실수했지만, 오랜 시간 주식으로 성공한 부자 1위, 세계 부자 2위라는 타이틀을 유지하는 것은 그의 투자 철학이 옳았기 때문이라고 볼 수 있다. 가끔은 트렌드를 못 따라가는 사람이라고 생각하다가도 한참 뒤에 다시 그가 한 말을 떠올려 보면 트렌드를 못 따라가는 것이 아니라 그의 혜안을 우리가 못 따라가고 있다는 것을 깨달았다.

버핏의 재무제표를 보는 방식은 일반인이 보는 방식과 다르다. 재무제표는 회계사들이 가장 잘 보겠지만, 회계사가 주식 투자를 제일 잘하는 것은 아니다. 일반인은 어려운 재무제표를 다 붙들고 볼 필요도 없고, 주식 투자에 필요한 만큼만 보면 된다.

이제부터는 가장 효율적으로 재무제표를 분석해서 부자가 될 수 있는 비법을 공유하려고 한다. 초심이 그랬던 것처럼 큰 욕심 없이 가장 경쟁력 있는 기업을 찾아 투자하면 최소한 원금은 잃을 리 없다는 마음으로 같이 투자를 시작하면 좋겠다.

주식을 업으로 하는 사람이 아니어서 주식에 대해 강연할 기회가 많지 않았고, 할 이유도 없었다. 다만 주식으로 소중한 돈을 잃는 사람들을 수없이 보면서 마음이 이팠다. 이제 모두가 잃지 않는 투자를 하기를 바라는 마음으로 이 책을 바친다.

전인구

차 례

2장 하루 만에 마스터하는 필수 재무제표

〈기본편〉 10분 만에 이해하는 주식 기본

〈고수편〉 계열사 간의 연결을 생각해야 한다

3장 워렌 버핏처럼 재무제표 고수되기

4장 적정주가 계산과 필승 투자 방법

5장 워렌 버핏이 한국에 투자한다면…

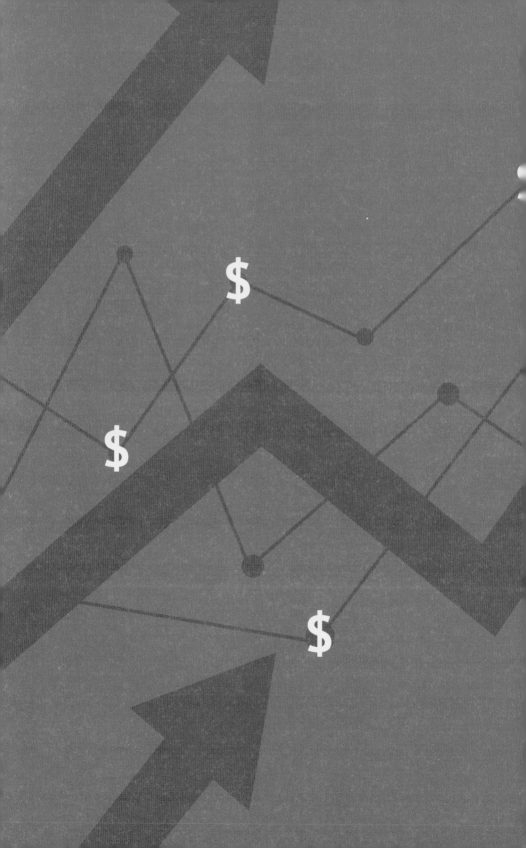

1장

워렌 버핏
투자 철학 이해하기

📊 안전마진의 시초, 벤저민 그레이엄

버핏의 이야기는 정말 유명해서 굳이 모두가 알고 있는 그의 이야기에 시간을 할애할 필요는 없다고 생각한다. 그의 스승이 벤저민 그레이엄(Benjamin Graham)이었고, 그레이엄은 '가치 투자의 아버지'라고 불리는 사람이다.

재무제표를 분석해서 시가총액이 기업이 가진 현금성 자산만도 못한 기업을 샀다. 그 후에 사놓은 주식의 가격이 올랐을 때, 팔아서 수익을 냈다. 재무제표만 보고, 저평가 된 주식을 여러 개 사두고 그 주식이 언젠가 오를 것이라고 마냥 기다리는 것은 안전한 주식 투자법이긴 했으나 사람이 가진 시간의 유한성을 봤을 때 그리 효율적인 투자라고 볼 수는 없다.

예를 들어 1,000억 원의 현금을 가진 기업의 시가총액(주가×주식 수)이 500억 원이라면 이 기업에 투자를 해서 손해를 볼 일은 없을 것이다. 이 회사가 부도가 나더라도 1,000억 원이라는 현금이 있으니 부도가 나면 주주들에게 나누어 줄 것이고, 투자자는 100%의 수익률을 얻게 된다. 이 방법이 그레이엄이 말한 가치 투자의 기본이다. 든든한 자신을 보고 투자하면 원금을 잃지 않는다는 것인데 이 원칙은 버핏과 같지만 투자 방식은 같지 않다.

이렇게 자산을 안전마진으로 보고 투자를 할 때는 장단점이 있다. 장점은 이 회사 주식을 팔기 전까지 손해 볼 가능성이 없다는 점이고, 단점은 이 회사의 주가가 오르지 않을 경우 마냥 기다려야 한다는 것이다. 끝까지 주가가 안 오를 수도 있고, 적자가 심해져서 가지고 있는 현금을 다 까먹을 수도 있다. 그렇게 되면 자산을 보고 투자했다가 낭패를 보게 된다.

그레이엄도 이 점을 우려해서 해결책으로 이런 주식을 수백 개를 사두고 오르는 것을 팔았다. 그리고 2년 동안 오르지 않는 주식은 정리했다. 오르는 주식은 '50% 법칙'에 따라 수익률이 50%가 되면 기계적으로 매도했다. 겉으로 보면 꽤 그럴듯한 방법이지만 주식을 실제로 해보면 수익률이 50%가 넘어 오르기 시작하는 주식들은 계속 오르고, 안 오르는 주식들은 끝까지 안 오르는 경우가 많다. 그럼 이 주식들은 왜 계속 오르는 것일까? 자산이 많은 기업이 결국 주가가 오르지 못 하거나 오히려 사라지는 이유는 무엇일까?

몇 가지 문제가 있었다. 저평가 된 주식은 저평가 된 이유가 있었다는 점이다. 시가총액보다 현금 자산, 부동산 자산이 더 많은데 그 주가가 오르지 않는 경우는 앞으로 전망이 어두운 사업으로, 적자가 나서 앞으로 가진 자산을 갉아먹을 기업이라고 생각하기 때문이다. 투자자들은 성장하는 기업에 투자하지 정체된 기업, 사양길을 걷는 기업에 투자하지 않는다. 기량이 떨어지고 있는 운동선수에게 거액을 투자하는 구단주는 없는 것처럼 주식 투자도 마찬가지다. 결국 성장 가능성을 보여주는 기업으로 바뀌어야 가지고 있는 자산도 빛을 발휘하게 된다.

그런 관점에서 볼 때 그레이엄의 50% 법칙은 틀린 것이다. 저평가 주로 분류돼 있다가 주가가 50% 이상 오르는 주식들의 공통점은 순이익이 증가하기 시작한다는 것이다. 한 해만 반짝 오르는 것이 아니라 몇 년 연속 순이익이 증가하는 모습을 보여주는 주식들은 주가 상승 폭이 크다. 그 예로 2000년에 대표적인 자산주로 불리던 롯데칠성이 몇 년 만에 7만 원에서 150만 원으로 상승한 사례가 있다. 50%의 법칙대로라면 10만 원에 팔았어야 할 주식을 계속 보유했다면 20배가 넘는 수익을 얻게 된다.

실제로 저평가 된 주식은 사양산업의 길을 걷고 있는 경우가 많다. 경쟁에 밀렸거나 과도한 경쟁으로 인해 수익이 나지 않거나 MP3 같이 기술발전으로 인해 수요가 사라진 경우가 대부분이다. 돈을 잘 벌어오는데 주가가 저평가될 수는 없다. 어떤 이유가 있기 때문이다. 하지만 사양산업이라고 해서 기업이 모두 사라지는 것은 아니다. 수많은 경쟁업체가 도산할 때 살아남은 기업은 오히려 승자독식 효과를 누릴 수도 있다. 경쟁에서 살아남을 수 있는 기업은 주가가 다시 오른다.

📈 가치 투자란 명품가방을 싸게 사는 것

한 사람은 명품가방을 사서 오랫동안 쓰는 것이 돈을 더 아끼는 것이라고 하고, 다른 한 명은 그냥 싼 것을 사는 것이 더 아끼는 것이라고 말하며 옥신각신하고 있다. 누구의 말이 맞는 것일까?

명품가방은 당연히 저가가방보다 비싸다. 명품가방을 오래 쓰자고 말한 사람이 그것을 몰라서 한 말이 아니다. 명품가방을 오랜 시간 동안 가치 있게 쓴다면 그 값에 비해 가치가 더 크다고 생각하는 것이다. 반대로 저가가방은 빨리 해져서 자주 교체해야 한다. 최초 구입비용은 작지만 가방이 주는 가치에 비해 더 큰 비용을 지불할 수도 있다.

버핏의 투자 방식은 명품가방을 사는 원리와 같다. 명품 주식을 싸게 사서 오래 보유하면 지불한 가격 대비 더 큰 가치를 얻을 수 있다는 말이다. 여기서 중요한 것은 명품을 산다는 것과 싸게 산다는 것이다.

명품이라 불리는 우량주를 사는 이유는 오랜 기간이 지나도 그 브랜드의 가치가 훼손되지 않고, 더 커지기 때문이다. 지금은 명품가방을 200만 원 주면 살 수 있지만, 10년 뒤에는 그 브랜드의 가치가 같은데도 불구하고 더 비싼 비용을 지불해야 살 수 있다. 반대로 저가가방은 오랜 시간 유지할 수도 없을뿐더러 그 브랜드의 가치가 존재하지도 않고, 있더라도 사라질 확률이 높다. 명품은 꽤 오랜 시간 생존해서 그 브랜드 가치를 유지했지만, 저가브랜드들은 시간이 지나면서 대부분 사라졌다. 진입장벽이 낮고, 브랜드를 보유하지 못했기 때문이다.

이제 명품의 가치에 대해 알았으니 명품을 어떻게 싸게 사느냐가 중요하다. 명품가방을 싸게 사는 방법은 몇 가지가 있다. 하나는 경기가 안 좋아져서 세일을 안 하는 명품가게가 세일을 하는 순간을 기다렸다가 사는 방법이다. 우리나라도 경기가 좋았다 나빴다 반복하기 때문에 경기가 나쁠 때 이 명품 주식이 값싸게 나오면 적극 매수를 해서 보유하는 방법이 대표적이다. 다른 하나는 현재 세일을 하지는 않지만 이 명품의 브랜드 가치가 점점 높아지고 있어서 지금 사두는 것이 제일 싸다고 판단했을 때 바로 사들이는 것이다. 실제로 시작할 때는

2군 브랜드였지만 점점 브랜드 가치가 올라가면서 1군 브랜드가 되고, 가격도 그만큼 올라가는 경우가 있다. 주식도 마찬가지다. 브랜드의 가치가 올라가는 만큼 주가도 상승한다.

이처럼 주식이라는 것이 그리 어려운 것이 아니다. 좋은 주식을 싸게 사서 오래 보유하면 된다. 그럼 우리가 배워야 할 것은 이 주식이 좋은 주식인지 아닌지를 구분하는 방법과 이 주식의 가격이 현재 싼 것인지 안 싼 것인지를 알아보면 된다.

📊 워렌 버핏이 생각한 안전마진, 현금창출능력

그레이엄이 생각한 안전마진은 자산이었다. 그 중에서도 현금 자산을 안전마진으로 여겼다. 말 그대로 시가총액 500억 원인 기업을 사들여서 그 기업이 가진 현금 1,000억 원을 내가 가질 수 있다면 100%의 수익률을 내는 전략이다. 하지만 그 기업을 500억 원에 넘겨줄 사람은 없다. 주식 시장에서 지분을 사려면 주가가 오르게 되고, 인수를 하려고 해도 1,000억 원 이하에 파는 바보 오너는 없을 것이다. 한마디로 이론상으로는 가능하지만 실제로는 적극적으로 수익을 내기 어렵다.

버핏은 스승인 그레이엄이 은퇴를 하고 나서, 본인도 고향 오마하로 돌아가서 투자에 대해 고민할 시간이 생겼다. 그리고 자신만의 투자 원칙을 세웠는데 안전마진을 자산으로 보는 것이 아니라 현금창출

능력을 안전마진으로 봤다.

이 둘이 어떤 차이가 있는지 자판기를 예로 들어 보겠다. 학교에 자판기를 한 대 설치해서 돈을 번다고 할 때 자판기를 싸게 사면 이익을 낼 수 있다고 생각한 것이 그레이엄이다. 시세보다 싸게 샀으니 장사가 잘 되든 말든 이득이라고 생각하는 것이다. 문제는 자판기는 중고가 될수록 가격이 계속 떨어지고, 장사가 되지 않으면 돈벌이가 안 된다. 즉, 이 경우 손해를 보지 않는 투자자이긴 하지만 사업가로서는 재능이 없다고 판단된다.

반대로 버핏은 자판기가 이번 달에 얼마를 벌고, 다음 달에는 얼마를 더 벌어올 수 있는지를 판단한다. 이 학교의 학생 수가 늘고 있는지, 학교 안에 매점이나 다른 자판기가 있어 경쟁이 붙지는 않는지, 자판기를 관리하는 방법이 쉽고 단순한지 등을 따진다. 앞으로 꾸준히 장사가 잘되는 자판기라는 판단이 서면 버핏은 중고자판기 가격의 2배를 주고서라도 사들인다. 앞으로 벌어올 현금이 우수하다면 자산가격을 논하지 말고, 현금창출능력에 초점을 맞춰 얼마에 사야 수익을 내는지를 고민한다. 이 점이 버핏과 그레이엄의 차이점이다. 아마 버핏이 사업을 직접 했다면 훌륭한 CEO가 됐을 것이다.

자판기를 비유로 들었지만 버핏이 코카콜라(Coca-Cola) 주식을 사들일 때 생각한 투자 전략이 이 방법과 같다. 그는 1988~89년에 PBR 3배 이상 가격에 코카콜라 주식을 평균 6.5달러에 사들였다. 즉, 중고자판기 시세가 2,000만 원인데 6,500만 원에 사들인 것이나 다름없다. 가치 투자자 입장에서는 도저히 흉내 낼 수 없는 매수이지만 버핏은 사업적인 마인드로 권리금이라는 프리미엄을 반영해서 사더라도 충분히 수익성이 크다고 판단한 것이다. 이렇듯 주식은 사업적인 마인드로 접근해야 돈을 번다. 일명 돈 냄새라고 하는데 사업을 잘하는 사람은 주식도 잘하고, 부동산 투자도 잘한다. 스타벅스, 맥도날드가 사업도 잘하지만 부동산 투자도 기가 막히게 잘하듯이 말이다.

📈 황금알을 낳는 거위, 코카콜라

버핏의 투자 스타일을 제대로 보여주는 투자 사례가 코카콜라다. 가치 투자자라면 PBR 3배가 넘는 주식에 손을 못 댄다. 반면 버핏은 과감하게 코카콜라를 6.5달러에 사들인다. 이해가 되지 않겠지만 버핏은 코카콜라를 충분히 가치 투자로 생각해서 투자했고, 시간이 지난 지금은 그의 말에 모두들 고개를 끄덕인다.

주당 순이익이 세전 0.7달러였고, 세후 0.46달러였으니 PER 14 정도가 된다. 버핏이 샀을 때 가격으로는 저평가라고 불리기 어렵고, 자산 대비해서는 고평가인 주식이었다. 그런데 하나 주목할 점은 코카콜라의 꾸준한 고성장, 경영자의 능력을 바탕으로 하는 꾸준한 현금 창출능력이다. 코카콜라는 연평균 15%의 성장을 했다. 이렇게 고성장을 꾸준히 할 수 있느냐가 투자의 핵심인데, 버핏의 경우 당시 매입가를 고려하면 세전 수익률 10.7%가 나온다. 일반적인 투자자들에게는 그리 매력적인 주식이 아니겠지만, 장기 투자자인 버핏에게는 환상적인 주식이 된다.

왜냐하면 버핏은 주식을 고수익 채권의 개념으로 봤기 때문이다. 채권은 원금손실 가능성이 낮고, 꾸준한 이자를 지급한다. 복리로 이 자를 주는 것도 가능하고, 고금리 채권은 저금리 시장에서 높은 값에 팔릴 수 있다. 버핏이 생각하는 코카콜라 주식은 고금리를 주는 채권 과 같다.

연 15%를 주는 채권은 없기 때문에 이는 주식 시장에서만 가능한 일이다. 코카콜라가 매년 15% 성장을 하기 때문에 수익이 복리로 불 어난다. 당시 국공채금리를 고려하면 안정적인 채권에 기대하는 수 익률은 6~8% 정도였는데, 연 15% 성장하는 코카콜라 주식은 당장은 차이가 적지만 시간이 지나면 지날수록 어마어마한 수익의 차이가 나 게 된다.

72법칙으로 간단하게 계산하면 연 6% 복리에 투자하면 원금이 2배 가 되는데 72÷6=12(년)이 걸리는데 연 15%복리에 투자하면 72÷ 15=4.8(년)이 걸린다. 장기 투자자에게 1%의 수익률은 큰 수익의 차 이를 가져온다.

실제로 2007년에 코카콜라의 세전 순이익은 약 4달러가 된다. 세전 순이익이 약 5.7배가 상승했다. 그럼 장기 투자를 채권으로 생각해보 면 6.5달러짜리 채권이 2007년에는 매년 세전 순이익 60%, 세후 순 이익 40%를 가져다주는 황금알을 낳는 거위로 바뀌게 된다. 이런 황 금알을 낳는 거위를 파는 사람은 없을 것이다. 이런 황금알을 낳는 거 위를 많이 보유하게 된 버핏은 세계 2위 부자가 될 수 있었다.

📈 원금을 잃지 마라

채권을 투자할 때 가장 주의해야 할 점이 있다. 아무리 고수익을 주는 채권도 파산으로 인해 휴지조각이 될 수 있다는 점이다. 오히려 고수익을 주는 채권일수록 휴지조각이 될 확률이 높다. 위험하므로 그만큼 높은 금리를 지급하기 때문이다.

주식도 마찬가지다. 아무리 돈을 잘 벌고, 주가가 급등하는 주식이라고 해도 기업이 부도가 나거나 쇼크로 인해 큰 하락을 한다면 모든 일이 소용없게 된다. 아무리 잘 뛰는 운동선수라고 할지라도 부상을 입으면 경기에 나설 수 없듯이 말이다.

주식이든, 채권이든, 사업이든 원금을 잃는 것은 최악이다. 원금을 잃었다는 것은 이자를 잃었다는 뜻이고, 돈을 불릴 수 있는 시간을 잃었다는 것이다. 원금을 복구하려면 또 수많은 시간이 흘러야 하고, 다시 돈을 불리려면 꽤 많은 시간이 지난 후가 될 것이다.

즉, 원금을 잃는 것은 시간을 잃는 것이다. 인생에 있어서 시간이란 부자든 가난한 자든 똑같이 주어진다. 시간(복리)이 부자로 갈 수 있는 마법이라면, 원금을 잃는 것은 부자로 갈 수 있는 길인 시간을 잃는 것과도 같다.

그래서 버핏의 투자 철학은 다음과 같다.

첫째, 원금을 잃지 않는 것이고,

둘째, 첫 번째 원칙을 잊지 않는 것이다.

그만큼 버핏은 투자에 있어서 시간을 가장 소중하게 생각했고, 높은

ROE(자기자본이익률)를 보이는 주식에 투자하는 것만이 시간을 초월해서 부자가 되게 해주는 방법이라고 생각했다. ROE가 높다는 것은 성장성이 높다는 것이고, 이는 가치주라고 부르기보다는 성장주라고 부를 수 있다. 그래서 많은 사람들이 ROE가 높은 주식은 가치 투자라고 생각하지 않는 경향이 있다.

버핏이 생각하는 ROE가 높은 주식 투자는 꾸준히 높은 ROE를 유지하는 기업에만 투자한다는 것이 차이점이다. 보통 기업은 처음에는 높은 성장을 보이지만, 어느 정도 덩치가 커지면 성장속도가 떨어진다. 그래서 대기업들 중 ROE가 높은 기업이 많지 않다. 그럼에도 불구하고 버핏은 꾸준한 고성장을 기대했고, 그런 주식을 찾으려고 노력했다. 꾸준히 높은 성장을 하는 주식이라면 망하지 않고 계속 현금을 창출할 수 있기 때문에 높은 이자를 주는 채권과 비교할 수 있다.

망하지 않고, 계속 높은 수익률을 주는 채권과 같은 주식을 사라. 이것이 버핏이 주는 비법이다. 그리고 이 비법을 익히려면 반드시 재무제표를 알아야 한다.

📈 분산 투자보다 집중 투자하라

'계란은 한 바구니에 담지마라'는 격언이 있듯이 대부분의 펀드매니저들은 분산 투자를 한다. 몇 가지의 주식 종목만 사는 것보다 수백 개의 종목을 사서 보유하면 위험을 피할 수 있기 때문이다. 전설적인 투자자들도 수백 개, 수천 개의 종목을 보유하면서 리스크를 줄인다. 버핏의 스승 그레이엄도 마찬가지였다.

그런데 생각을 해보자. 수백 개의 종목을 왜 사야 하는지, 사면 그것을 과연 관리할 수 있을지 말이다. 시시각각 변하는 주식 시장 상황에서, 직장을 다니는 일반 투자자 입장에서 과연 여러 종목을 보유하는 것이 옳은 일인지, 해낼 수 있는 일인지 한번 생각해봐야 한다.

분산 투자라는 것을 다시 생각해보자. 왜 분산하는가? 100개의 주식 중 99개가 1% 오르고, 1개가 약 99% 폭락했다면 수익은 0이 된다. 분산 투자자들은 어떤 기업이 파산할지 몰라서 큰 손실을 막기 위해 분산 투자를 한다고 한다. 그런데 그런 기업을 애초부터 왜 사는가? 재무제표를 보면 이미 이 기업은 파산할 가능성이 높다고 나타나는데 이것을 분산 투자라는 명목으로 사들이는 우를 범하는 것이다. 그리고 본인은 리스크 관리를 잘했다고 훌륭한 투자자라고 생각하고 있을 것이다.

진짜 분산 투자는 주식 시장 자체가 폭락할 경우에 대비해 풋옵션, 선물 매도, 부동산 투자, 달러, 채권, 금 등으로 자산을 배분하는 것이다. 주식 시장 폭락 위험을 대비해서 안전장치를 걸어두는 것이다. 주식 시장이 폭락할 때는 모든 주식이 폭락하는 모습을 보인다. 주식을 주식으로 리스크 헤지(Risk hedge)를 한다는 발상 자체가 어리석은 짓이다.

버핏은 여러 종목의 주식을 보유하지 않는다. 자신이 잘 아는 기업들의 주식만 집중적으로 매입한다. 그리고 팔지 않는다가 그의 원칙이다. 미국의 세법상 주식을 팔면 많은 세금을 물기 때문이기도 하고, 주식 시장이 폭락하든 말든 어차피 몇 십 년을 보고 투자하면 결국은 물가가 오르는 이상으로 주가가 오르기 때문에 평생 보유한다는 생각으로 팔지 않는다.

재무제표를 철저히 분석해서 현금이 충분히 들어오고, 이익이 늘어나는 기업을 매수한다면 주가가 폭락하는 일을 막을 수 있다. 그리고 소수의 종목을 집중 관리하기 때문에 기업이 안 좋아지는 신호를 바로 파악할 수 있고, 주가가 하락하기 전에 정리가 가능해진다. 기업의 실적쇼크나 주가폭락이 오기 전에 재무제표는 1년 전, 6개월 전, 3개월 전에 이미 팔라고 신호를 주기 때문이다.

그렇다고 재무제표를 그대로 믿어서는 안 된다. 회계법상 나온 재무제표를 그대로 해석해서는 올바른 투자를 할 수 없다. 예를 들어 소개팅에 나간 남자가 여자의 언어를 그대로 해석하면 낭패를 본다. 그말에 어떤 의미가 담겨 있는지를 잘 생각해보고 눈치 있게 행동해야 애프터에 성공한다. TV에 나오는 뉴스정보나 광고를 그대로 믿고 따라 하면 손해를 볼 때도 많다. 자기만의 기준으로 철저히 판단하고 결정해야 한다. 버핏도 자기만의 기준으로 재무제표를 보고 감가상각비, 영업권을 다시 해석해 기업의 현금창출능력을 새로 구한 뒤, 그 기업의 가치를 평가한다. 주주편지에는 이런 내용이 담겨 있다.

"회계 숫자는 기업의 언어로 기업 분석을 도와주는 것이지, 절대로 대신해주지 않는다."

📊 병법의 달인 워렌 버핏

군사학을 배운 사람으로서 버핏을 보면 만약 그가 군대 지휘관으로 전장에 나갔어도 백전백승의 명장이 아니었을까 생각한다. 버핏이 전쟁터와 같은 주식 시장에서 투자하는 방법은 하나로 요약할 수 있다.

"다 이겨놓고 싸운다."

세계에서 가장 전쟁을 잘하는 나라가 미국이다. 미국이 전쟁을 하는 방법을 보면 먼저 경제적으로 고립시킨 뒤, 먼 바다에서 미사일을 날려 적의 공군 기지를 파괴한다. 전투기를 띄울 수 없는 상대는 바다에 있는 적의 항공모함을 공격할 수가 없다. 그런 상황에서 좀 더 접근해 미사일과 스텔스 폭격기를 동원해서 적의 대공포를 무력화 시킨다. 그리고 주요 기지를 폭격해서 적을 거의 괴멸시킨 다음, 마지막에야 육군이 투입돼 상황을 종료시킨다. 여기서 중요한 것은 적은 이런 공격 패턴을 알아도 거리가 멀거나 보이지 않기 때문에 공격할 수가 없다는 것이다. 이렇게 싸우는데 전쟁에서 질 수가 없다. 이순신 장군도 지형지물과 무기특성, 전략을 활용해서 이길 수밖에 없는 위치에서 전투를 벌였고, 거의 피해를 입지 않고 전승을 거뒀다.

버핏도 마찬가지다. 주가가 오를지 내릴지 한 치 앞도 내다볼 수 없는 주식 시장에서 그는 이겨놓고 투자를 했다. 손해를 보려야 볼 수 없는 구조를 만들어 놓고, 아주 저렴하게 주식을 사거나 전환사채(주식으로 전환할 수 있는 권리)를 매입하거나 채권에 투자했다.

현금이 넘쳐 들어오는 훌륭한 기업을 말도 안 되는 낮은 가격에 사들이는 것만큼 안전한 투자는 없다. 그런 기회는 몇 번 오지 않는데 버핏은 그때를 기다렸다가 과감하게 투자를 했고, 그 수익들이 복리 투자가 돼 시간이 지날수록 엄청난 수익률을 안겨 줬다.

위기에 닥친 회사는 주식을 사지 않고, 높은 이자를 받을 수 있는 채권으로 투자해서 안전성과 수익성 모두를 가져가는 전략을 택했다. 또한 차후에 회사가 위기를 넘기면 전환사채를 받아 채권을 주식으로 전환해서 막대한 차익을 남기기도 했다.

그가 투자하는 방식을 보면 도저히 손실을 볼 수 없는 구조로 만들어 놓은 다음에 과감하게 투자해서 수익을 뽑아내는 방식이다. 아무리 전쟁에서 10번을 이겨도 한 번만 지면 목숨을 잃을 수가 있듯이 아무리 투자를 잘해서 높은 수익률을 내더라도 한 번 큰 손실을 내면 모든 것을 잃을 수가 있다. 전쟁사에서도 보면 지지만 않겠다는 마음으로 전투에 임하는 장수들이 오히려 승리를 가져가는 경우를 많이 볼 수 있다. 투자에서도 절대 잃지 않겠다는 생각으로 투자를 하면 나중에 큰 부자가 될 수 있을 것이다. 투자를 하기 전에 먼저 안전마진은 확보가 돼 있는지 생각해보고 투자에 임하는 습관을 갖자.

2장

하루 만에 마스터하는
필수 재무제표

📊 재무제표는 뭘까?

주식 투자를 하는 사람들 중에 재무제표가 뭔지도 모르고 하는 사람들이 있다. 아니 꽤 많다. 재무제표를 모르면서 어떤 주식을 사야 하는지 찍어 달라고 물어보는 사람, 지금 갖고 있는 주식을 가져가야 하는지 팔아야 하는지 물어보는 사람들을 강연할 때마다 경험했다. 그럴 때마다 재무제표를 혹시 봤느냐고 물어보면 재무제표를 모른다는 사람과 재무제표를 볼 줄 모른다는 사람들이 대부분이었다. 이미 재무제표에 사야 할지 팔아야 할지 답이 나와 있는데 강사의 한마디에 자신의 소중한 재산을 배팅하려는 모습에 많은 우려를 표했다.

경매 투자를 하는 사람이 이 집의 적정가는 얼마인지, 대출은 얼마나 걸려 있는지, 세입자 보증금은 얼마인지 조사조차 안 하고, 지도 한 번 보지도 않고, 낙찰가를 써내면 어떤 일이 벌어질까? 손해를 볼 확률이 높다. 그러고 나서는 경매를 내가 해봐서 아는데 이거 안 좋으니까 하지 말라고 주변에 말하고 다닐 것이다.

그래서인지 요새는 주식보다 가상화폐가 인기가 많다. 가상화폐는 재무제표라는 것이 존재하지 않는다. 경제학적으로 가치가 없기 때문에 재무제표가 없어 분석을 할 방법노, 할 필요노 없다. 그냥 오르면 좋은 것이고, 떨어지면 슬픈 것이다. 상대도 분석을 못하고, 나도 못하는 그냥 돈 먹고 돈 먹기니 머리 안 쓰고 돈 벌고 싶어 하는 사람들에게 큰 인기를 얻고 있다. 이런 모습들을 볼 때마다 걱정스럽고 우려스럽다.

재무제표는 내 투자의 원금을 지켜주고 수익을 약속하는 일종의 보증서다. 기업들은 얼마를 벌고 얼마를 쓰는지 절대 공개하고 싶어 하지 않는다. 가게 주인이 3개월마다 얼마를 벌었고, 얼마를 썼고, 얼마를 남겼는지 식당 메뉴판 옆에 붙여 놓는 심정이랄까? 아마 돈을 벌어도 비싸게 팔아서 많이 남겼다고 고객들의 눈총을 받을 것이고, 돈을 못 벌면 곧 망하는 것 아니냐고 수군거릴 것이다. 그런데 기업들은 왜 재무제표를 공개해야 할까?

결론부터 말하면 공개하고 싶어서 공개하는 것이 아니다. 주식 시장에 상장된 모든 기업과 주식 시장에 상장되지 않아도 일정 수준 이상 규모를 갖춘 기업은 기업의 손익과 자산에 대한 정보를 제공해야 하는 의무를 가지고 있다. 그리고 스스로 조사해서 발표하는 것이 아니라 외부 회계법인의 검토를 받아 공개하기 때문에 쉽게 속이기도 어렵다.

그래서 우리는 편하게 금융감독원 전자공시시스템(이하 DART)에서 기업들이 숨기고 싶어 하는 회계자료들을 확인할 수가 있다. 이 기업은 얼마를 가지고 있는지, 얼마나 버는지를 알고, 앞으로 얼마를 벌 수 있을지도 추측이 가능해진다. 이것을 바탕으로 소중하게 모은 돈을 그 기업에 투자하고, 손실과 수익을 함께하는 것이다. 이것이 투자다.

투자와 투기부터 구분해야 주식을 시작할 수 있다. 버핏의 말을 빌리면 '투기는 언젠가는 내린다는 걸 모두 알고 있으면서도 투자를 하는 것'이라고 했다. 일명 폭탄 돌리기가 아니냐고 우려스러워 하는 것에 돈을 넣고 있다면 투기일 확률이 높다. 내가 생각하는 투기는 '무조건 오른다는 전제하에 사는 것'이다. 계속 오르니까 돈을 투자하는 것일 뿐 다른 이유를 설명하지 못한다면 투기다. 오르니까 투자한다는 사람들이 대부분일 경우 투자 대상의 가격이 떨어지면 그 시장은 패닉이 온다.

재무제표조차 분석하지 못하면서 주식을 투자하는 사람도 앞서 말한 투기와 다르지 않다. 주식을 사면 무조건 오른다는 생각과 돈을 벌고 싶다는 욕심이 만나면 재무제표를 보지도 않고 주식을 사는 놀랍고 위험한 일이 가능해진다. 무식하면 더 용감해진다고 재무제표를 보지 않기 때문에 투자할 수 있는 기업들이 많고, 고수익을 주는 대박주를 과감하게 쫓아다닌다. 지인의 말, 증권사 직원의 권유에 귀를 기울이며 사고팔고를 반복하고 수수료와 세금을 헌납한다. 한 번 사고팔면 수수료가 약 1% 정도 나가는데 100번 정도 사고팔면 수익을 내도 남는 것이 없고, 손실을 보지 않았어도 큰 손해를 입는다.

재무제표를 보는 것은 괴롭다. 모르는 용어들과 많은 숫자들, 그리고 그 숫자 사이에 숨겨진 의미들을 일일이 해석하면 너무 많은 시간이 걸린다. 게다가 직장 일을 하고 평일 저녁 또는 주말에 기업 하나를 이렇게 분석하고 있으면 시간이라는 손실이 발생한다. 이렇게 6개월 정도를 뒤지면 정말 괜찮은 기업을 하나 찾을까 말까다. 그런데 수십 개, 수백 개를 투자하는 사람들, 재무제표를 쳐다보지도 않고 투자하는 사람들을 보면 그들의 용기에 놀랄 때가 많다.

📊 재무제표 확인하는 방법

재무제표를 확인하는 방법은 친절하게도 매우 많다. 금융감독원 전자공시 시스템(DART)에 기업의 이름을 검색해서 사업보고서를 보고 자세히 분석하는 방법이 있고, 포털사이트에 기업의 이름을 검색해서 재무정보를 눌러 간략하지만 편하게 재무제표를 확인하는 방법도 있다. 주식 HTS, MTS 프로그램에서 기업을 검색해도 재무제표는 신속하게 볼 수 있다.

2-1 | 금융감독원 전자공시 시스템(DART) http://dart.fss.or.kr

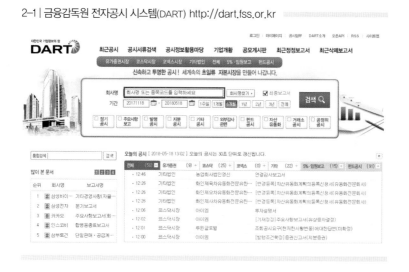

2-2 | 포털사이트 검색 화면(출처 : 네이버)

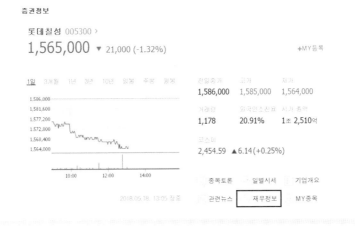

재무제표를 이렇게 곳곳마다 공개하는 이유는 그만큼 투자에 참고하기 위한 중요한 정보이기 때문인데 아직 방법을 모르는 사람들을 위해 재무제표를 살펴보는 방법을 알아보자.

① 전자공시 시스템에 접속해서 검색 칸에 기업이름을 작성한다.

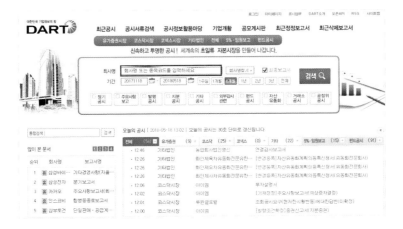

② 정기공시와 외부감사 관련을 체크하고 각종 보고서를 체크한 뒤 검색 버튼을 누른다.

③ 사업보고서를 클릭한다.

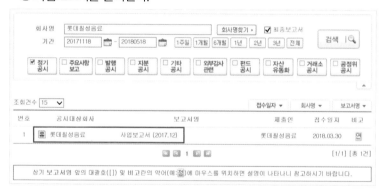

④ 재무제표를 확인한다.

2. 연결재무제표

연결 재무상태표

제 51 기　　2017.12.31 현재
제 50 기　　2016.12.31 현재
제 49 기　　2015.12.31 현재

(단위 : 원)

	제 51 기	제 50 기	제 49 기
자산			
유동자산	753,852,269,208	1,037,884,999,815	954,666,817,079
현금및현금성자산	153,444,295,931	319,691,830,966	203,384,587,918
단기금융상품	45,072,000,000	135,000,000,000	192,524,614,226
매출채권 및 기타채권	268,396,772,753	260,576,586,072	244,305,770,730
만기보유금융자산	487,710,000	585,120,000	30,960,000
재고자산	238,781,825,569	244,857,737,032	240,686,359,244
당기법인세자산		52,926,043	20,101,130
기타금융자산	3,232,166,258	13,758,781,613	2,356,877,271
기타자산	44,437,498,697	54,318,080,465	57,613,422,065

　　사업보고서를 찾는 방법은 쉽다. 다만 사업보고서의 양이 방대하기 때문에 이를 읽고 분석하는 데 시간이 많이 걸린다. 하지만 이를 일일이 다 읽을 필요는 없다. 주식 투자에 중요한 정보들만 파악해서 투자에 참고하면 된다. 모든 부분을 다 읽어서 나쁠 것은 없지만 시간을 버려서 좋을 것도 없다. 재무제표를 보고 시작부터 이상한 기업이면 그냥 버리고 다른 기업 재무제표를 찾는 것이 낫다. 10개를 찾아도 10개가 투자 불가 대상인 경우도 허다하기 때문에 불필요한 에너지를 낭비하지 말자.

　　그러다가 평생 보유해도 될 것 같은 기업의 사업보고서를 찾아냈다면 꼼꼼히 살펴보자. 첫해는 시간이 많이 걸리겠지만 매년 볼 때마다 바뀌는 부분은 연결재무제표가 다인 경우가 많기 때문에 사업보고서 검토 경험을 하면 할수록 검토, 분석하는 시간이 짧아진다.

📈 얼마 벌고 얼마를 썼는가? : 손익계산서

자판기를 설치한 사람에게 왜 큰돈을 들여 그 비싼 자판기를 설치했
냐고 물어보면 이상한 눈으로 쳐다볼 것이다. 당연히 돈을 벌기 위해
서니까.

기업의 목적도 자판기와 다르지 않다. 이익을 내기 위해서 사업을
하고, 투자를 하고, 직원을 고용한다. 그렇다면 재무제표에서 가장 중
요한 것은 손익계산서다.

손익계산서에는 얼마를 벌었고, 얼마를 썼는지가 나와 있다. 개인
으로 치면 가계부, 가게로 치면 장부 같은 역할을 하는 것이다. 이 손
익계산서를 보면 기업의 상황이 좋은지 나쁜지, 숨기고 싶어 하는 것

2–3 | 롯데칠성음료 손익계산서

연결 포괄손익계산서
제 51 기 2017.01.01 부터 2017.12.31 까지
제 50 기 2016.01.01 부터 2016.12.31 까지
제 49 기 2015.01.01 부터 2015.12.31 까지

(단위 : 원)

	제 51 기	제 50 기	제 49 기
매출	2,279,282,728,426	2,264,211,827,913	2,194,880,945,600
매출원가	1,341,529,912,392	1,279,754,534,230	1,256,052,086,493
매출총이익	937,752,816,034	984,457,293,683	938,828,859,107
판매비와관리비	862,369,149,116	838,129,051,361	791,671,757,935
영업이익	75,383,666,918	146,328,242,322	147,157,101,172
기타수익	388,485,725,009	14,927,506,916	10,262,293,226
기타비용	205,784,279,546	23,080,527,395	33,445,271,106
금융수익	20,621,342,088	12,175,467,323	16,408,156,401
금융원가	56,688,640,419	30,094,365,424	31,912,826,236
관계기업지분법손익	7,306,461,398	5,768,671,004	(1,049,210,133)
법인세비용차감전순이익	229,324,275,448	126,024,994,746	107,420,243,324
법인세비용	20,686,945,532	40,122,126,909	37,850,126,653
계속영업이익	208,637,329,916	85,902,867,837	69,570,116,671

문서목차
사 업 보 고 서
【대표이사 등의 확인】
I. 회사의 개요
　1. 회사의 개요
　2. 회사의 연혁
　3. 자본금 변동사항
　4. 주식의 총수 등
　5. 의결권 현황
　6. 배당에 관한 사항 등
II. 사업의 내용
III. 재무에 관한 사항
　1. 요약재무정보
　2. 연결재무제표
　3. 연결재무제표 주석
　4. 재무제표
　5. 재무제표 주석
　6. 기타 재무에 관한 사항
IV. 감사인의 감사의견 등
V. 이사의 경영진단 및 분석의
VI. 이사회 등 회사의 기관에 관
　1. 이사회에 관한 사항
　2. 감사제도에 관한 사항
　3. 주주의 의결권 행사에 관
VII. 주주에 관한 사항
VIII. 임원 및 직원 등에 관한 시
　1. 임원 및 직원의 현황

들이 여실히 드러난다. 그만큼 투자자는 손익계산서를 하나하나 꼼꼼하게 들여다봐야 한다. 매출이 왜 줄었는지, 비용이 왜 늘어났는지, 이익은 왜 줄었는지 일일이 의심하고, 확인해야 제대로 된 투자를 할 수 있다.

여기에서 필요한 정보만 찾아보자.

1) 51기? 50기? 49기?

3년 치의 손익계산서를 같이 표기하는 것은 비교를 쉽게 하기 위해서다. 얼마나 늘었고, 줄었는지 그래프보다는 직관적으로 느껴지지는 않지만, 이렇게 나열해서 보면 몇 %가 증가했는지, 감소했는지를 알 수 있다. 빠르게 계산하려면 옆에 계산기를 두고, 근사값으로 두드리면서 분석하는 것이 편리하다.

2) 매출

기업이 벌어들인 모든 돈이다. 장사를 해서 번 돈일 수도 있고, 투자를 해서 번 돈일 수도 있다. 기업은 장사를 해서 돈을 버는 것이 중요한데 여러 가지 요소가 섞여 있기 때문에 매출이 올랐다고 단순하게 좋아하면 안 된다. 투자해서 버는 돈은 꾸준하지 않기 때문에 매출이 독특하게 높거나 낮은 해의 매출액은 그대로 믿지 말자.

또한 매출이 많다고 돈을 잘 버는 기업이라고 할 수는 없다. 1,100억 원을 써서 1,000억 원을 벌면 매출은 1,000억 원인 중견기업이지만 실상은 100억 원을 적자 본 형편없는 기업이다. 매출이 늘어나는 것은 좋은 신호이지만 영업이익, 당기순이익과 항상 같이 봐야 한다.

3) 매출원가

정확한 매출원가를 구하기는 어렵다. 매일 물건이 만들어지고, 재고가 수시로 바뀌고, 판매되고 있기 때문이다. 쉽게 설명하면 1월 1일 재고가격에 1년간 제조원가를 더한 후 12월 31일 재고가격을 빼면 매출원가가 나온다. 유통업은 물건을 사서 창고에 보관했다가 팔기 때문에 매입액을 넣고, 제조업은 물건을 직접 만들어 팔기 때문에 제조원가를 넣는다는 차이가 있다.

기초제품재고 + 당기제조원가 − 기말제품재고 = 매출원가(제조업)
기초상품재고 + 당기매입액 − 기말상품재고 = 매출원가(유통업)

쉽게 설명하면 1월 1일 자판기에 10만 원어치 음료수가 들어 있었고, 1년간 100만 원어치 음료수를 도매로 사서 자판기에 넣었다. 그리고 12월 31일 자판기를 보니 20만 원어치의 음료수가 남아 있었다. 그러면 10만 원 + 100만 원 − 20만 원 = 90만 원이므로 실제로 90만 원어치의 음료수가 자판기에서 팔려 나간 것이다.

4) 매출 총 이익

1년간 자판기의 총 매출이 500만 원인데 매출원가가 90만 원이라면 실제 매출 총 이익은 500만 원 - 90만 원 = 410만 원이다. 90만 원에 상품을 사서 500만 원에 팔았으니 장사를 잘했다고 볼 수 있겠지만 여기서는 오로지 상품을 기준으로 이익을 구한 것이다.

음식점으로 치면 재료를 2,000원에 사서 음식을 6,000원에 판 것이니, 이 음식점은 무조건 이익이 났다고 말하는 사람은 없을 것이다. 왜 그런가?

가게 월세, 직원 월급, 전기세, 수도세, 주기적으로 바꿔줘야 하는 테이블, 식기, 조리도구에 대한 비용이 하나도 포함돼 있지 않기 때문이다. 매출 총 이익은 그저 얼마의 물건 판매금액에서 재료비가 몇 % 정도 차지하는지에 대한 정보를 알 수 있을 뿐이다.

5) 판매비와 관리비

기업이 유지되기 위해서 들어가는 비용이 판매비용과 관리비용이다. 판매비와 관리비를 명확히 구분하기 어려워서 이렇게 포함해서 표기한다. 판매비는 가게로 치면 아까 말했던 카드수수료, 배달료, 보험료 등 판매량이 늘어날수록 같이 늘어나는 비용이라고 볼 수 있고, 관리비는 임대료, 월급, 수당, 소모품 구입, 통신비, 교통비 등 판매와 상관없이 꾸준히 나가는 비용을 일컫는다.

6) 영업이익

매출 총 이익에서 판매비와 관리비를 빼줘야 온전히 번 돈이 얼마인지 알 수 있다. 가게를 하면서 재료비, 인건비, 임대료 등을 다 빼고 실제로 사장이 손에 쥐는 돈이 영업이익이라고 할 수 있다. 만약 영업이익이 적자인 기업이라면 장사를 해서 돈을 벌지 못하고 있다는 뜻이다. 영업이익이 형편없다면 사업성이 없는 것이다. 이런 기업에 굳이 투자를 할 필요가 없다. 좋은 기업은 매출액과 영업이익이 꾸준히 늘어나는 기업이다. 그래서 이 부분이 가장 눈여겨봐야 할 부분 중 하나다.

7) 금융수익

금융을 통해서 번 돈이다. 가게가 잘돼서 사장님이 번 돈을 매일 은행에 넣어 놓았는데 연말에 이자가 100만 원이 나왔다면 이는 영업을 해서 번 돈이 아니라 금융(저축)을 통해 번 수익으로 볼 수 있다. 이를 금융수익이라고 한다. 기업에서는 금융상품으로 인해 이자, 배당, 처분, 평가이익과 환율에 따라 외화자산/부채에서 오는 수익을 말한다. 예를 들어 6,000원어치 음식을 먹은 손님이 달러밖에 없다고 해서 당일 환율기준으로 1달러를 1,000원으로 계산해서 6달러를 받는데 연말에 보니 1달러가 1,500원이 돼 있다면 6달러는 9,000원으로 3,000원의 초과수익을 얻게 되는 것이다. 환율이 안정적일 때는 금융수익에 큰 영향을 주지 않지만, 1997년 외환위기, 2008년 서브프라임 위기 같이 환율이 요동칠 경우 기업에 직접적인 타격을 주거나 이익을 줄 수도 있다. 보통 기업들은 이런 위험을 피하기 위해 환율보험을 들어두는 경우가 많다.

8) 금융비용

빌린 돈에 대한 이자와 금융상품을 손해 보고 팔아 생긴 처분손실, 가치가 하락해서 생긴 평가손실, 외환으로 인해 생긴 환산손실 등이 있는데, 보통 기업이 빌린 이자가 큰 부분을 차지한다. 영업이익이 400억 원인데 금융비용이 400억 원이면 이 기업은 번 돈을 이자 갚는 데 다 썼다고 보면 된다. 금융비용이 늘어날수록 부채가 늘거나 비싼 이자를 내는 악성부채가 늘었다는 의미가 되고, 금융비용이 꾸준히 줄어드는 것은 기업이 부채를 갚아 나가면서 실제 이익이 늘어나고 있다는 좋은 신호다.

9) 관계기업 지분법 손익

기업이 보유한 관계기업의 당기순이익에 대해 보유지분만큼의 수익 또는 손실액이다. IFRS회계 기준에서는 일반적으로 지분율 20~50%를 소유한 경우를 관계기업으로 보고 있다. 50%가 넘으면 종속기업으로 보기에 관계기업 지분법 손익에 반영되지 않는다. 물론 50% 이하의 지분이지만 실질 지배력을 가지고 있다고 보면 종속기업이 된다. 한편 지분이 20% 미만으로 낮아도 관계기업 지분법 손익에 빈영이 되지 않는다. 회세를 IFRS냐, GAAP냐, 연결이냐, 개별이냐에 따라 복잡하게 해석되므로 이후에 자세히 설명하도록 하겠다.

10) 기타수익

가게 건물에서 가게를 빼고, 위층을 세를 놓아 매년 수익을 얻는다면 이는 기타수익이 된다. 주 업종은 요식업인데 임대로 돈을 번 것은 보조적인 성격이기 때문이다. 반대로 임대업을 하는 사람은 임대업이 영업이익이 된다.

자산을 장부상 가격보다 비싸게 팔아도 기타수익이 된다. 배달 오토바이를 장부상 50만 원에 기록했는데 70만 원에 중고로 팔았다면 20만 원의 기타수익이 난 것이다. 가게를 이사하려고 가게 건물을 10억 원에 팔았는데 장부상으로 5억 원에 기록돼 있다면 5억 원의 기타수익이 발생한 것이다.

11) 기타비용

반대로 장부가격보다 유형자산, 무형자산을 싸게 팔면 손실이 난다. 이것을 기타비용으로 볼 수 있다. 사장님이 갑자기 회사 돈으로 1억 원을 기부한다면 1억 원의 기타비용이 발생하게 된다.

12) 당기순이익

당기순이익은 매출액, 영업이익과 같이 가장 중요한 3대 지표 중 하나다. 당기순이익으로 PER, EPS 등 기업의 가치를 정하는 직접적인 기준이 되기 때문이다. 그렇다고 해서 이를 신봉할 필요는 없다. 기업의 입장에서 작성한 것이기 때문에 투자자의 입장에서 다시 재해석해야 자신만의 순이익을 구할 수가 있다.

영업이익 + 영업 외 이익(지분법, 금융, 기타, 법인세) − 영업 외 비용 = 당기순이익

13) 주당 순이익(EPS)

당기순이익에서 주식 수를 나누면 1주당 순이익(EPS)이 나온다. 그럼 EPS를 가지고 주가와 비교를 하면 순이익 대비 주가가 비싼 편인지 싼 편인지를 알 수 있다. 이것을 PER이라고 한다. 하지만 여기에서 주의해야 할 점이 있다. 자사주가 있는 기업의 경우다. 단순히 순이익을 주식 수로 나누면 정확히 1주당의 순이익이 나오지만, 실제로 우리가 원하는 순이익은 아니다. 기업이 자신이 가진 주식은 제외하고 1주당 순이익을 구해야 투자자가 원하는 실제 주당 순이익이 나올 수 있다. HTS마다 EPS가 다르게 나오는 경우는 이런 해석의 차이 때문이다.

당기순이익 ÷ 주식 수(총 주식 수 − 자사주) = 주당 순이익(EPS)

📊 재산과 빚이 얼마인가? : 재무상태표

　좋은 기업을 찾기 위해 사업보고서를 확인한다면 손익계산서보다 재무상태표를 먼저 살펴보자. 돈을 잘 버는 기업을 찾는 것보다 먼저 확인할 것은 망할 회사인지 아닌지를 보는 것이기 때문이다. 재무상태표에는 회사가 가진 다양한 자산가치와 부채금액이 상세히 기록돼 있다. 재무상태표만 확인하면 최소한 투자를 하면 안 되는 기업을 금방 알아챌 수 있다.

　그래서 기업들은 재무상태표를 공개하고 싶어 하지 않는다. 빚이 많아도 그렇고, 자산이 많아도 그렇다. 빚 자랑을 하면 주위 사람들이

2–4 | 롯데칠성, 자산내역

당기 말 및 전기 말 현재 신용 위험에 대한 최대 노출 정도는 다음과 같습니다.

(단위 : 백만 원)

구분	당기 말	전기 말
현금 및 현금성 자산(주1)	150,043	315,150
장단기 금융상품	60,390	150,037
매출채권 및 기타채권	273,888	262,641
만기보유 금융자산	2,387	1,080
기타 금융자산	46,285	55,683
금융보증	USD 5,500 KYAT 8,800,000	–
원화 합계 **외화 합계**	532,993 USD 5,500 KYAT 8,800,000	784,591

(주1) 현금 시재액을 제외했기 때문에 연결재무상태표상 금액과 차이가 있습니다.

떠나가고, 돈 자랑을 하면 밤손님이 찾아온다. 기업도 마찬가지로 현금과 부동산, 보유 주식이 빵빵하다고 공개하면 이 회사를 탐내는 기업사냥꾼이나 인수기업의 표적이 될 수 있기 때문이다.

그렇지 않은 경우에도 회계법에 따라서 자산이 부풀려질 수도 있고, 축소 발표할 수도 있다. 그래서 재무상태표를 볼 때는 곧이곧대로 믿지 말고, 참고자료 정도로 활용하는 것이 좋다.

1) 현금 및 현금성 자산

현금은 가장 활용성이 큰 자산이다. 물건을 사고, 직원들의 월급을 주고, 빚을 갚으려면 결국 현금이 있어야 한다. 그러므로 어느 정도 기업을 운전할 수 있을 정도의 현금도 확보하지 못한 기업은 투자 대상에서 제외시키는 것이 좋다.

실물현금, 수표, 예금 등으로 즉시 현금화가 가능한 것을 현금이라고 부르며, 3개월 이내로 거의 가치에 변화를 주지 않고, 현금화 할 수 있는 자산을 현금성 자산이라고 부른다.

기업은 영업을 해서 이익을 얻으면 꾸준히 현금이 늘어날 수밖에 없다. 운영에 필요한 현금을 제외하고 나머지 현금을 어떻게 투자해서 기업의 이익을 높이느냐가 경영자의 능력을 평가하는 데 중요한 요소가 된다.

2) 장단기 금융상품

현금을 들고 있어 봐야 이자가 늘지도 않고, 오히려 물가상승률만큼 손실을 보기 때문에 굳이 현금을 잔뜩 들고 있을 필요가 없다. 그렇다고 5년 뒤, 10년 뒤에 어떤 위기가 올지도 모르기 때문에 무리하게 투자를 할 수도 없다. 그래서 예금, 적금 등 장단기 금융상품에 돈을 넣어 보관한다. 1년을 기준으로 만기 1년 이내는 단기 금융상품, 만기 1년 이상이면 장기 금융상품으로 본다. 그래서 기업이 들고 있는 현금을 계산할 때, 현금, 현금성 자산과 장단기 금융상품을 합쳐서 보면 이 기업의 현금 동원력이 얼마인지 알 수 있다.

3) 매출채권

일반적으로 가정에서 짜장면을 시켜 먹으면 즉시 결제를 하지만, 공장에서 단골 중국집에 배달을 시켜 먹으면 한 달 동안 모아서 결제를 하는 경우가 많다. 당장은 현금이라고 볼 수 없지만 이와 같이 물품 판매 대가로 얼마 뒤에 받을 돈을 매출채권이라고 한다.

매출채권은 얼마 뒤에는 받겠지만 현금이라고 볼 수는 없다. 돈을 주기로 한 공장이 갑자기 부도가 나면 외상 거래한 돈을 떼이기 때문이다.

기업 간에 거래를 하면 기본적으로 매출채권이 발생할 수밖에 없다. 그래서 매출이 증가하면 자연스럽게 그에 비례해서 매출채권액수도 증가하게 된다. 그런데 평소에 비해 갑자기 매출채권액이 늘어나기 시작하면 자금 회수에 문제가 생긴 것으로 보면 된다. 즉, 돈을 떼일 확률이 높아진 것으로 손실처리를 할 확률이 높아진 것이다.

2-5 | 롯데칠성, 대손충당금

매출채권 및 기타채권
(1) 당기 말과 전기 말 현재 매출채권 및 기타채권의 내역은 다음과 같습니다.

(단위 : 백만 원)

구분	당기 말		전기 말	
	유동	비유동	유동	비유동
매출채권	276,031	5,512	266,859	2,091
차감 : 대손충당금	(15,173)	(20)	(13,815)	(26)
매출채권(순액)	260,858	5,492	253,044	2,065
미수금	7,910	–	7,909	–
차감 : 대손충당금	(371)	–	(376)	–
미수금(순액)	7,539	–	7,533	–
합계	268,397	5,492	260,577	2,065

이럴 경우 대손충당금을 쌓아서 매출채권금액을 낮춰준다. 여기서 확인할 것은 대손충당금 ÷ 매출채권 × 100 = 대손설정률(%)이 같은 업종 다른 회사들에 비해 너무 낮거나 한 해만 특수하게 낮은 경우 조심해야 한다. 표 2-5의 대손충당금은 대략 5%가 된다. 음료, 주류업이기 때문에 특성상 매출채권의 기간이 짧고, 떼이는 돈이 크지 않다.

반면에 실적쇼크가 몇 년째 진행되고 있는 조선업의 대손충당금 상황을 보자. 배는 제조기간이 길어 진행과정에 따라 선금, 중도금, 잔금으로 나누어 받는다. 매출채권 대비 대손설정률이 약 20%나 된다. 이렇듯 업종 및 현재 상황에 따라 대손설정률이 다르므로 대손설정률을 의도적으로 낮게 잡은 기업은 다른 재무제표도 신뢰하기가 어렵다.

2-6 | A조선사, 대손충당금

매출채권(미청구공사)과 미수금

가. 보고기간 말 현재 연결회사의 매출채권 및 미수금의 내역은 다음과 같습니다.

단위 : 천 원

구분	당기			전기		
	매출채권	미청구공사	미수금	매출채권	미청구공사	미수금
일반채권	507,778,841	5,299,459,515	130,139,244	547,500,219	4,291,514,814	32,790,137
차감 : 대손충당금	(94,031,139)	(174,823,239)	(2,643,365)	(128,893,987)	−	(2,142,843)
소계	413,747,702	5,054,636,276	127,495,879	418,606,232	4,291,514,814	30,647,294
차감 : 장기채권	(24,500,208)	−	(415,987)	(67,955,945)	−	(475,293)
유동항목	389,247,494	5,054,636,276	127,079,892	350,650,287	4,291,514,814	30,172,001

나. 매출채권(미청구공사) 및 미수금의 연령분석내역은 다음과 같습니다.

단위 : 천 원

구분	당기 말	전기 말
연체되지 않은 채권	5,289,027,513	4,674,783,915
연체됐으나 손상되지 않은 채권(*1)		
6개월 이하	1,969,264	2,705,760
6개월 초과	4,375,110	4,434,058
소계	6,344,374	7,139,818
손상채권(*2)	572,005,713	189,881,438
합계	5,867,377,600	4,871,805,171

2-7 | 롯데칠성, 매출채권연령

매출채권의 연령분석은 다음과 같습니다.

단위 : 백만 원

구분	당기 말	전기 말
손상되지 않은 채권(주1)	263,193	248,005
소계	263,193	248,005
손상채권(주2)		
6개월 이하	194	454
6개월~1년 이하	491	322
1년 초과	5,072	5,466
소계	5,757	6,242
합계	268,950	254,247

물건은 납품했는데 기한이 지나도 돈을 못 받게 되면 이는 손상채권이 된다. 연체가 돼 있는 상태로 돌려받을 수도 있기에 전액 상각하기는 어렵다. 다만 1년 넘게 연체된 손상채권은 크게 기대하지 않는 것이 좋다. 나는 보수적으로 기업의 매출채권을 평가하기 때문에 6개월 이상 손상채권은 전액 상각시켜 평가한다.

구분(2017년 기준)	롯데칠성	삼성중공업	롯데쇼핑	셀트리온
매출액	2조 2,793억 원	7조 9,012억 원	18조 1,799억 원	9,491억 원
매출채권	2,609억 원	3조 4,390억 원 (기타채권 포함)	5,299억 원	8,284억 원
매출채권회전율	11.4	43.5	2.9	87

장사가 잘되는 가게일수록 외상손님도 많아지기 마련이다. 매출액이 커질수록 매출채권도 커지는데, 업종 및 기업에 따라 매출액 대비 매출채권금액 차이가 크다. 근데 이 매출채권은 계속 장사를 하려면 매년 비슷한 금액의 매출채권이 발생하게 된다. 즉, 투자자의 입장에서는 기업을 유지하는 한 회수할 수 없는 돈이다. 버핏은 이런 점에 착안해 매출채권회전율이 낮은 기업을 선호했다. 이렇게 되면 매출액 대비 실제로 기업에서 유용 가능한 현금이 늘어나게 된다. 앞의 표를 보면 삼성중공업은 매출이 8조 원에 가깝지만 매출채권이 3조 원이 넘기 때문에 현금이 묶여 있는 기업이다. 반면 롯데쇼핑은 매출이 18조 원으로 삼성중공업의 두 배가 넘는데도 매출채권은 5,000억 원 정도 밖에 되지 않아 삼성중공업보다 현금 여력이 더 많다고 볼 수 있다. 이렇게 현금을 더 많이 갖고 있으면 현금이 막혀 기업이 도산하거나 대출을 받는 일이 없게 되고, 이 현금을 가지고 수익성 사업 또는 투자를 할 수 있어 초과이익을 낼 수 있다. 그렇기에 단순히 매출이 높다고 우량기업으로 볼 수는 없는 것이다. 이런 점에서 볼 때, 매출채권회전율이 87%인 셀트리온은 다른 기업들에 비해 현금이 빨리 돌지 않는 기업이라고 볼 수 있다.

4) 재고자산

매출채권만큼 재무제표를 살짝 조작하기 좋은 곳이 재고자산이다. 총 자산 − 부채 = 순자산이기 때문에 총 자산을 늘리면 부채가 많아도 순자산이 있는 것처럼 보일 수가 있다. 그래서 자산보다 부채가 많

2-8 | 롯데칠성, 재고자산

당기 말 및 전기 말 현재 재고자산의 내역은 다음과 같습니다.

단위 : 백만 원

구분	당기 말			전기 말		
	취득원가	평가손실 충당금	장부금액	취득원가	평가손실 충당금	장부금액
제품	97,533	(984)	96,549	90,433	(632)	89,801
상품	42,691	(4,072)	38,619	42,237	(4,839)	37,398
반제품	12,281	–	12,281	11,948	–	11,948
재공품	2,344	(2)	2,342	2,287	(2)	2,285
원재료	61,209	(636)	60,573	69,007	(724)	68,283
부재료	1,468	(48)	1,420	1,793	(29)	1,764
저장품	8,069	–	8,069	6,221	–	6,221
미착원료	8,849	–	8,849	10,827	–	10,827
미착상품	16,110	–	16,110	12,092	–	12,092
부산물	46	–	46	67	–	67
합계	250,600	(5,742)	244,858	246,912	(6,226)	240,686

아 곧 망하기 직전의 기업들이 재고자산을 과대설정해서 순자산이 존재하는 것처럼 조작하기도 한다.

업종에 따라 천차만별이지만 기업들은 제품이나 상품을 창고에 보관하고 거래처에 물건을 판다. 이 창고 안에 있는 재고품이 재고자산이다. 만약 기업이 망하게 되면 채권자들이 현금화 할 수 있는 자산을 찾아 딱지를 붙이거나 들고 가는 것을 볼 수 있는데, 유통기한이 짧은 음식류는 기업이 망하면 자산가치가 0이라고 볼 수 있다. 반면 철강 회사의 경우 재고가 철이므로 유통기한이 영원하다고 볼 수 있다. 그리고 철의 시세가 바뀌므로 재고자산가치가 상승할 수도 있다. 금을 만드는 고려아연은 재고자산이 금이다. 만약 금값이 쌀 때, 금을 잔뜩 사놓았는데 금 가격이 몇 배나 상승했다면 재고자산 가격도 급등하게 된다. 실제로 이런 일이 벌어져 고려아연 주가가 꽤 높이 오른 적이 있었다.

반대로 경쟁에 밀려 업황이 나빠진 A회사는 주식 시장에서 퇴출당하지 않으려고 재고자산을 잔뜩 부풀려 자산이 꽤 있는 회사처럼 보이게 만들었다. 그냥 단순히 총 자산과 부채액만 확인했다면 투자 가능회사로 오인할 수도 있었다. 그런데 재고품이 휴대전화였다. 휴대전화는 가치가 영원하지 않다. 몇 달만 지나면 신제품이 나오기 때문에 몇 개월 안에 팔지 못하면 재고가치가 급격히 하락한다. 그런데 이 재고자산을 신제품 가격으로 설정해서 장기보관하면 이를 알지 못하는 투자자들은 속을 수밖에 없다.

재고자산에 속지 않는 방법은 다음과 같다. 평년 대비 갑자기 재고

2-9 | 롯데칠성, 재고자산 평가손실

비용으로 인식돼 매출원가에 포함된 재고자산의 원가는 1,332,346백만 원
(전기 : 1,316,774백만 원)입니다.
연결회사는 재고자산 평가손실 (−)484백만 원(전기 : 2,953백만 원)을 인식했습니다. 인식(환입)된 금액은 포괄손익계산서의 매출원가에 포함됐습니다.

자산이 상승한 기업은 반드시 의심해보고, 이 회사의 업종이 무엇인지 생각해보자. 재고상품, 원재료의 가치가 별로 없는 기업일 경우 투자를 보류하는 것이 좋다.

재고자산의 가치가 떨어지면 재고자산 평가손실을 인식하게 된다. 롯데칠성의 경우 음료회사이기 때문에 재고 중에 유통기한이 지난 상품은 평가손실에 반영하게 되고, 손실분을 매출원가에 반영시킨다. 그렇게 되면 매출액 대비 매출원가가 높아지므로 원가율이 상승하게 된다. 즉, 재고자산 평가손실이 적고, 재고자산이 매출액 대비 적은 기업은 그만큼 재고관리를 잘하는 경영능력이 뛰어난 기업으로 볼 수 있다.

5) 금융자산

기업은 여러 목적에 따라 위험자산으로 분류되는 주식, 채권, 파생상품을 매입하고 보유한다. 무위험자산인 현금, 현금성 자산은 언제든지 가치의 변화가 거의 없이 현금화 할 수가 있지만 위험자산은 파는 시기에 따라서 현금화 할 수 있는 액수가 달라진다.

반대로 보유한 주식이라도 투자 목적으로 매입해서 언제든지 매도할 의사가 있는 주식이 있고, 계열사 주식이라 매도할 생각이 없는 주식도 있을 수 있다. 전자의 경우 금융자산으로써 주가가 오른 뒤 팔면 기업의 수익으로 현금이 들어오고, 후자의 경우 가치가 오르나 내리나 실질적으로 현금이 될 가능성이 낮다.

이렇듯 목적에 따라 당기손익인식 금융자산, 만기보유 금융자산,

매도가능 금융자산으로 나눌 수가 있다. 당기손익인식 금융자산은 단기간에 사서 팔 목적의 자산이다. 기업이 영업으로 수익을 내는 것이 유리하지 주식, 채권, 파생상품에 투자해서 돈을 번다는 것은 이해가 가지 않는 부분일 수 있다. 그래서 기업에서 큰 비중을 차지 않는 경우가 대부분이다. 파생상품의 경우 환율에 대한 리스크 헤지 목적으로 가입하는 기업이 많다.

만기보유 금융자산은 만기기간과 이율, 지급액이 정해진 채권이 대부분이다. 현금을 쌓아두는 것보다 채권을 사서 이자를 받는 것이 더 낫기 때문인데 이를 과도하게 많이 보유한 기업은 현금으로 더 높은 수익을 내지 못하므로 경영진의 능력이 뛰어나다고 볼 수 없다.

매도가능 금융자산은 앞의 두 목적이 아닌 경우에 해당하는데 주로 주식과 채권으로 볼 수 있다. 계열사의 주식을 보유했거나 투자 목적으로 주식을 보유했지만 언제 팔지 정해지지 않은 경우, 채권이지만 만기

2-10 | 매도가능 금융자산

당기 말 및 전기 말 현재 재고자산의 내역은 다음과 같습니다.

단위 : 백만 원

구분	당기 말	전기 말
지분증권		
시장성 있는 지분증권	378,938	427,405
시장성 없는 지분증권	239,506	218,577
출자금	25	25
합계	618,019	646,007

까지 갈 생각이 없고 도중에 현금화 할 여지가 있는 경우에 해당한다.

투자자는 이 매도가능 금융자산을 잘 살펴봐야 한다. 계열사의 주식이든, 단순 투자든, 필요하면 팔아서 현금화 할 수 있는 자산이기 때문에 장부가와 실제 시세가 일치하는지 잘 살펴봐야 한다.

롯데칠성의 경우 시장성이 있는 주식과 없는 주식으로 나눈 것을 볼 수 있다. 시장성이 있는 것은 주식에 상장돼 있어서 언제든지 내다 팔 수 있는 주식을 말하고, 시장성이 없는 것은 비상장 주식을 말한다. 물론 비상장 주식도 팔 수 있다.

2-11 | 시장성 있는 지분증권

당기 말 및 전기 말 현재 연결회사가 보유하고 있는 시장성 있는 지분증권의 내역은 다음과 같습니다.

단위 : 백만 원

회사명	구분	당기 말				전기 말 장부금액
		보유주식수(주)	지분율(%)	취득원가	장부금액	
롯데푸드(주)	보통주	127,813	9.33	3,623	82,951	121,295
롯데쇼핑(주)		1,237,272	3.93	2,851	274,056	287,666
(주)신한금융지주		159	0.00	26	7	6
(주)BNK금융지주		2,156,883	0.66	14,251	18,722	14,429
삼화왕관(주)		19,548	0.91	104	882	868
우리종합금융(주)		7,042	0.00	47	5	4
삼광글라스(주)		30,000	0.62	176	2,010	2,856
기타		–	–	109	305	281
합계				21,187	378,938	427,405

2-12 | 시장성 없는 지분증권

당기 말 및 전기 말 현재 연결회사가 보유하고 있는 시장성 없는 지분증권의 내역은 다음과 같습니다.

단위 : 백만 원

회사명	구분	당기 말				전기 말 장부금액
		보유주식수(주)	지분율(%)	취득원가	장부금액	
한국후지필름(주)	보통주	7,000	4.97	895	28,580	34,206
롯데정보통신(주)		132,050	1.54	1,400	9,993	10,447
롯데캐피탈(주)		505,472	1.52	4,355	13,222	11,638
(주)롯데닷컴		323,548	5.28	1,500	2,841	3,493
롯데자산개발(주)		5,701,407	14.15	28,693	26,107	28,507
Lotte Europe Holdings B. V.(주1)		47,914	5.18	40,819	14,146	16,811
롯데포장유한공사(주2)		–	15.00	2,440	2,440	2,440
롯데기업관리유한공사(주2)		–	5.00	536	536	536
롯데건설(주)		1,058,337	3.29	21,763	74,674	72,710
(주)롯데리아		10,425	2.17	9,031	12,553	13,275

우리가 확인할 것은 '장부금액과 실제 시세가 일치하느냐?'이다. 시장성이 있는 지분증권은 주가가 공개되니 시가를 확인하기가 쉬운데, 비상장 주식은 가치를 어떻게 측정하느냐에 따라 장부금액이 달라진다. 장부가에는 4,000억 원으로 잡혀 있는 계열사 주식이 매각을 통해 1조 원의 현금이 들어올 수도 있기 때문이다. 이런 복권이 숨어 있는 곳이 매도가능 금융자산 부분이므로 장부금액을 그대로 믿지 말

고, 어떤 이벤트가 숨어 있는지를 찾아야 한다. 이렇게 실제로 알아낸 가치를 순자산가치에 더해야 그 기업의 내재가치를 구할 수가 있다.

하지만 반대의 경우 보유한 주식이 휴지조각이 될 수도 있다. 이럴 경우 손실을 입게 되는데 금융원가에 반영되고 영업이익에서 금융원가를 빼기 때문에 순이익이 대폭 감소할 수 있다. 올해 장사를 잘해서 영업이익이 잘 나와도 보유한 주식으로 손실을 입으면 순이익은 줄어들 수밖에 없다. 그래서 당기순이익만 가지고 그 기업의 가치를 평가하는 것은 옳지 못하다.

6) 유형자산, 투자 부동산, 매각예정자산

유형자산이라고 하면 기업이 영업을 하기 위해 필요한 토지, 건물, 기계, 장비, 시설 등을 말한다. 눈으로 보이는 것을 유형자산이라고 하고, 영업권처럼 눈에 보이지 않으면 무형자산으로 볼 수 있다.

반대로 똑같은 토지나 건물을 가지고 있어도 기업의 영업목적이 아닌데 보유하고 있으면 투자 부동산으로 볼 수 있다. 음료회사가 강남에 빌딩을 짓고 임대를 하면 이는 투자 부동산일 가능성이 높다. 아니면 애매한 경우도 존재하는데 본사 빌딩 일부를 편의점, 카페, 식당으로 임대를 줄 수도 있는데 이렇게 할 경우는 유형자산으로 보고, 수익은 영업 외 수익(기타수익)으로 반영한다.

이제 투자자에게 중요한 것을 보자. 땅의 가격을 정하는 방식을 알고 있는 사람은 장부금액, 공정가치가 의미 없음을 알 것이다. 아파트라는 것은 시세가 존재하고, 건물이라는 것은 임대수익에 비례해서

2-13 | 유형자산

당기 및 전기 중 유형자산 장부금액의 변동내역은 다음과 같습니다.

단위 : 백만 원

구분	당기							
	토지	건물	구축물	기계장치	차량운반구	기타의 유형자산	건설 중인 자산	합계
기초 장부금액	930,435	300,124	44,237	344,661	4,483	195,809	168,330	1,988,079
취득	925	4,924	628	26,911	2,479	62,208	267,088	365,163
대체	3,374	12,763	1,281	47,042	–	3,417	(66,532)	1,345
처분	(146)	(288)	(3)	(3,427)	(88)	(5,055)	–	(9,007)
감가상각	–	(13,193)	(3,708)	(42,801)	(1,362)	(54,725)	–	(115,789)
손상차손	–	–	–	–	–	(7,689)	–	(7,689)
외화환산차이	–	(723)	(23)	(2,068)	(31)	(638)	(7)	(3,490)
기말 장부금액	934,588	303,607	42,412	370,318	5,481	193,327	368,879	2,218,612
취득원가	934,588	420,674	108,903	746,532	13,237	639,993	368,879	3,232,806
감가상각누계액	–	(117,067)	(66,074)	(376,211)	(7,756)	(421,425)	–	(988,533)
손상차손누계액	–	–	(417)	(3)	–	(25,241)	–	(25,661)

2-14 | 투자 부동산

당기 및 전기 중 투자 부동산 장부금액의 변동내역은 다음과 같습니다.

단위 : 백만 원

구분	당기		
	토지	건물	합계
기초 장부금액	164,361	9,369	173,730
대체	(2,900)	(140)	(3,040)
감가상각	–	(403)	(403)
외화환산차이	19	8	27
기말 장부금액	161,480	8,834	170,314
취득원가	161,480	16,575	178,055
감가상각누계액	–	(7,741)	(7,741)

계산해보거나 옆 건물가격을 기초로 시세를 알 수가 있다. 그런데 땅은 부르는 것이 값이고, 살 사람이 있을 때 파는 것과 살 사람이 없는데 팔아야 하는 것은 가격이 완전 다르다. 그나마 믿을 수 있는 자료는 공시지가라는 것이고, 시세보다는 낮게 잡히므로 개인적으로 토지의 위치에 따라 공시지가에 1.5~2배 정도를 곱해 토지시세를 반영해 내재가치에 포함시킨다.

군이 재무제표에 나온 가치를 믿지 않고 일일이 구해야 할 이유가 있냐고 묻는 경우가 많다. 하지만 투자자에게는 회계법상 토지, 건물 가치가 중요한 것이 아니라 실제 가치가 중요한 것이기 때문에 일일이 조사를 하는 것이다. 굳이 기업은 이를 알려줄 필요도 없고, 아쉬운 사람이 우물을 파야 하기에 직접 조사해보는 수밖에 없다. 여기서 가장 많은 분석시간이 걸린다.

뒷장의 표 2-15를 보자. 삼광글라스의 매각예정자산인 인천공장 토지가치는 286억 원이고, 건물, 기계, 집기는 가치를 모두 합쳐 약 400억 원이다. 이 400억 원이 진짜 맞을까 의심을 한 번 해봐야 한다.

실제 신도시 개발 예정인 옛 인천공장 토지의 가치는 얼마나 할까? 66,000㎡의 땅을 보유하고 있고, 공시지가는 약 650억 원이나 실제 시가로는 1,200억 원이다. 400억 원으로 잡혀 있으나 실제 매각 시 1,200억 원이 들어오므로 800억 원의 순자산이 증가하는 효과를 볼 수 있다. 순자산을 구할 때 800억 원을 더해서 기업의 내재가치를 구해야 올바른 기업의 적정주가를 알 수 있다.

예전에 투자해서 수익을 냈던 기업은 시가총액이 2,000억 원 미만이

(1) 보고기간 종료일 현재 당사의 매각예정비 유동자산의 내역은 다음과 같습니다.

단위 : 천 원

구분	당기 말	전기 말
매각예정자산	39,764,347	39,764,347
매각예정자산과 관련된 부채	–	–

당사는 향후 12개월 이내 더 이상 활용하지 않고 있는 건물과 기계장치를 포함한 공장용지의 매각을 추진하고자 합니다. 이 공장용지는 당사의 유리제조에 사용됐으며, 당기 말 현재 매각을 위한 추진절차가 진행 중입니다. 한편 매각예정자산으로 분류된 동 공장용지에 대해서 손상차손은 인식되지 않았습니다.

(2) 매각예정자산에 포함된 유형자산의 상세내역은 다음과 같습니다.

단위 : 천 원

구분	금액
토지	28,629,094
건물	3,428,171
구축물	793,364
기계장치	6,609,775
공구와 기구	8,355
집기비품	292,180
입목	3,408
합계	39,764,347

었는데 기업이 보유한 유형자산의 실제 시가가 1조 원이 넘었다. 만약 내가 기업사냥꾼이었다면 이 회사를 인수해서 부동산만 팔아도 1조 원의 차익을 얻을 수가 있을 정도로 저평가 된 기업이었다. 자산의 가치만으로도 매력적이었기 때문에 투자를 해서 기다린 결과 높은 수익을 얻을 수 있었다. 지금 주가로도 상당히 저평가인 상태인데 사람들은 장부가격과 재무제표만 보고 판단하므로 아직도 저평가인지 모르고 있다.

7) 감가상각비

감가상각비는 유형자산에 포함하지만 기업의 내재가치를 구할 때 워낙 중요한 부분이기 때문에 따로 설명하고자 한다. 감가상각비는 기업이 계속 사업을 하기 위해서 건물, 기계, 설비 등을 사서 운영하는데, 토지를 제외한 나머지들은 시간이 지날수록 가치가 떨어진다. 그래서 5년, 10년, 20년 이런 식으로 매년 사라지는 가치의 비용을 빼주는데 이걸 감가상각비라고 한다.

장사를 할 때도 감가상각비가 발생하는데 대표적인 업종으로 모텔을 예로 들어 보자. 모텔을 운영하면 돈을 많이 버는 것처럼 보이지만 실제로는 감가상각비가 상당히 커서 그 비용을 빼고 생각해봐야 한다. 모텔은 경쟁이 치열한 업종으로 최신 인테리어를 갖춰야 경쟁력이 있다. 보통 모텔을 최신식으로 인테리어 하면 5억 원가량 드는데, 5년 주기로 인테리어를 해줘야 한다. 그렇다면 매년 1억 원이라는 감가상각비가 들어가야 계속 사업을 유지할 수 있는 것이다. 그럼 1억 토지를 제외한 자산은 취득원가에서 잔존가치를 제외하고, 다음의 추정 경제적 내용 연수에 걸쳐 정액법으로 상각됩니다.

구분	내용 연수
건물	25~50년
구축물	10~40년
기계 장치	4~15년
차량 운반구	5~8년
기타의 유형자산	3~14년

원 이상을 벌어야 실제 버는 돈이라고 볼 수 있다. 모텔을 인수해서 매년 1억 원을 번다고 좋아하면 생각이 없는 사람이다.

자산의 종류에 따라 감가상각 하는 내용연수가 다르다. 그리고 기업마다 정하는 내용연수가 다르다. 같은 건물이라도 어느 기업은 10년을 잡고, 어느 기업은 50년을 잡는다. 수명이 짧은 차량의 경우에도 어느 기업은 4년으로 잡고, 어느 기업은 10년으로 잡는다. 그리고 감가상각비는 매출원가 또는 판매비와 관리비에 포함돼 영업이익에 영향을 준다. 그래서 우리는 이 점을 신경 써서 확인해야 한다.

이게 무슨 뜻이냐면 감가상각비를 통해서 고의적으로 영업이익을 축소시킬 수도 있고 늘릴 수도 있다는 것이다. 이익이 유독 많이 나서 법인세를 많이 낼 것 같으면 내용연수를 줄여 감가상각비를 높게 잡아서 수익을 줄여 세금을 적게 내고, 적자가 날 것 같다 싶으면 내용연수를 늘려 감가상각비를 낮게 잡아서 영업이익을 높일 수가 있다.

이런 감가상각비가 절대적인 비용을 차지하는 반도체, 자동차, 전자, 디스플레이 업종의 경우 내용연수를 얼마로 잡았는지, 감가상각비는 적당하게 잡았는지 확인할 필요가 있다. 버핏의 경우 이런 감가상각비가 크게 들어가는 기업에 투자하는 것을 좋아하지 않는다. 경쟁을 유지하기 위해 대규모의 장치를 주기적으로 설치해야 하는 사업은 기업의 수익을 대규모 설비에 돈을 써야 하므로 실제 수익을 그만큼 낮게 잡아야 하기 때문이다.

대표적인 업종이 반도체다. 삼성전자의 경우 이 싸움에서 승자가 돼 지속적인 증설을 할 수 있는 자금이 마련되지만, 이 싸움에서 진 다른 업체들은 계속 사업을 하기 위해 적자인 상태에서 대규모 설비 비용이 들어가게 된다. 적자를 보는 기업이 대규모 투자를 지속적으로 한다는 것은 너무 잔인하고 슬픈 일이다. 실제로 삼성전자와 SK하이닉스에 진 일본과 독일, 미국의 수많은 반도체 기업들이 문을 닫았다. SK하이닉스의 경우 2015년~2016년 기준으로 유형자산 중 기계장치에만 매년 3~4조 원씩 감가상각을 하고 있다. 롯데제과의 경우 2016년 유형자산의 감가상각비는 1,158억 원으로 업종에 따라 감가상각비가 큰 차이가 있음을 알 수 있다. 감가상각비가 적다는 이야기는 계속 사업을 유지하기 위해 크게 투자를 하지 않아도 된다는 것이고, 그만큼 사업 리스크가 적다는 이야기다. 게다가 감가상각비가 적으면 매출 대비 실제로 들어오는 현금이 많기 때문에 기업을 안정적으로 운영할 수 있고, 이 현금을 바탕으로 더 높은 수익성이 보장된 곳에 투자할 수도 있다.

8) 무형자산(개발비, 영업권)

유형자산이 눈에 보이는 자산이라면 무형자산은 눈으로 볼 수는 없지만 기업을 유지하는 데 충분한 가치가 있다고 보는 것이다. 영업권, 개발비, 회원권, 특허, 라이선스 등 여러 종류가 있는데 우리가 관심 있게 볼 것은 개발비와 영업권이다.

음식점에서 신메뉴를 개발하기 위해 일본에 건너가서 기술을 배우고, 여러 재료들을 사서 신메뉴를 만들어 보고, 책도 사서 읽고, 유명한 요리사에게 수업료를 내고 배워서 신메뉴를 개발했다고 하자. 이 신메뉴를 통해 추가로 돈을 벌어들일 수 있게 되기 때문에 신메뉴 개발비는 무형의 가치를 가진다. 이를 개발비라고 하고, 무형자산에 포함시킬 수 있다. 그런데 이 개발비가 엄청나게 많이 들어갔고, 한 번 만든 신메뉴는 향후 몇 년간은 팔릴 수가 있기 때문에 무형자산으로 개발비를 포함시킨 뒤, 물건이 팔리는 순간(매출발생)부터 무형자산 상각비로 비용 처리할 수 있다. 무형자산 손상차손(상각비)은 기타비용에 포함된다.

문제는 이 비용을 몇 년에 걸쳐 상각하느냐(내용연수)인데 신메뉴가 1년 만에 사라질지 10년을 갈지 알 수가 없다. 그래서 이런 개발비가 큰 비중을 차지하는 기업의 경우 몇 년 주기로 돈이 들어가는지, 1년 평균 개발비로 들어가는 돈이 얼마 정도 되는지를 알아야 실제적인 기업의 현금 가치를 알 수가 있다.

고도의 기술경쟁이 필요한 스마트폰, 반도체, 전자, 디스플레이, 자동차 산업은 설비비도 많이 들지만 개발비도 꾸준히 들어간다. 기술에서 밀리는 순간 기업이 사라질 수도 있기 때문이다. 이런 개발비가 많이 들어간다면 돈을 많이 벌어도 실제로 번 돈은 얼마 되지 않는다. 그리고 막대한 개발비를 들이고도 판매를 이끌어내지 못하면 그 기업의 타격은 말로 할 수 없이 커진다. 그래서 버핏은 개발비가 적게 들어가는 기업을 좋아한다. 그만큼 사업이 안정적이고, 비용이 들지 않아 실질 현금이 많아지기 때문이다.

영업권은 가게로 치면 권리금과 같다. 새로 가게를 만들어 손님에게 알리고 단골도 만들고 하려면 시간이 많이 걸린다. 이미 시설을 갖추고, 단골 및 손님이 어느 정도 있어 매출이 확보된 가게를 인수하는 것이 투자 위험을 줄일 수가 있다. 그래서 가게를 팔 때, 시설비+보증금에 권리금이라는 프리미엄이 붙게 되는데 이것이 기업의 영업권과도 같다.

2-17 | 무형자산의 변동내역

단위 : 백만 원

구분	2016년						
	영업권	산업재산권	개발비	회원권	기타의 무형자산	건설 중인 무형자산	합계
기초 순장부금액	149,668	441,040	396,628	80,887	259,848	145,209	1,473,280
취득	–	127,575	12,282	–	35,354	46,002	221,213
내부개발에 의한 취득	–	–	11,489	–	2,153	307,259	320,901
대체	–	–	210,321	–	13,114	(223,435)	–
처분 등	–	(7,631)	(179)	(131)	(2,062)	(4,015)	(14,018)
무형자산 상각비	–	(83,689)	(251,825)	–	(85,360)	–	(420,874)
손상차손(*)	(4,267)	(316)	(1,271)	(909)	(1,369)	(1,683)	(9,815)
환산외환차이	35	(6)	45	(15)	328	13	400
기말 순장부금액	145,436	476,973	377,490	79,832	222,006	269,350	1,571,087

A기업이 B기업을 인수하려고 할 때, 그 기업의 순자산과 수익성을 고려해서 적정가치를 100억 원으로 보면 실제로는 120억 원, 150억 원에 매매가 이뤄진다. 적정가치를 초과하는 금액을 영업권(프리미엄)으로 볼 수 있다.

예를 들어 스마트폰 사업으로 진출을 하려고 하는데 처음부터 공장, 설비, 연구소를 지어 제품을 개발하고, 직원을 채용하고, 판매망을 뚫고 하려면 엄청나게 오랜 시간이 걸린다. 그보다는 이미 스마트폰 브랜드를 가지고 있는 삼성전자나 LG전자를 인수하는 것이 훨씬 빠르다. 그러나 이 두 회사의 프리미엄(영업권)은 큰 차이가 있을 것이다. 스마트폰의 판매량과 인지도가 많이 벌어진 상태이기 때문에 삼성전자의 영업권은 더 비쌀 것이고, LG전자의 영업권은 그보다는 낮을 것이다. 회계상 두 기업의 영업권은 약 10배 정도 차이가 난다.

📈 실제 가지고 있는 현금이 얼마인가? : 현금흐름표

현금흐름표를 간단히 보려면 3가지를 보면 된다. 영업 활동 현금흐름이 (+)인가, 투자 활동 현금흐름이 (−)인가, 재무 활동 현금흐름이 (−)인가를 보고, 이 3가지가 다 충족되면 기본적으로 건강한 기업으로 볼 수 있다. 기업이 영업으로 현금을 벌고, 투자에 돈을 쓰고, 빚을 갚고 있는 것은 지극히 정상이기 때문이다.

표 2-18을 살펴보면 영업에서 창출된 현금만 3조 원 가까이 된다.

2-18 | LG전자 현금흐름표

단위 : 백만 원

구분	제16기	제15기	제14기
영업 활동으로 인한 현금흐름	2,166,270	3,157,990	2,618,775
영업으로부터 창출된 현금	2,937,550	3,979,344	3,347,226
이자의 수취	81,268	77,639	75,579
이자의 지급	(384,446)	(433,709)	(466,160)
배당금의 수취	68,471	71,919	71,897
법인세의 납부	(536,573)	(537,203)	(409,767)
투자 활동으로 인한 현금흐름	(2,582,872)	(2,390,720)	(1,933,212)
금융기관 예치금의 감소	22,062	32,663	39,309
기타수취채권의 감소	159,885	139,949	162,167
기타금융자산의 회수 및 처분	27,532	42,892	78,818
유형자산의 처분	628,342	103,824	81,575
무형자산의 처분	2,043	2,523	1,999
관계기업 및 공동기업 투자의 회수 및 처분	51,676	25,000	54,050
투자 부동산의 처분	0	21,853	750
매각예정 분류자산의 처분	12,710	4,328	0
사업양도로 인한 현금의 증가	13,942	6,535	112,340
기타의 감소	47	133	480
금융기관 예치금의 증가	(17,976)	(15,315)	(34,125)
기타수취채권의 증가	(130,915)	(123,181)	(141,290)
기타금융자산의 취득	(49,759)	(77,623)	(39,637)
유형 자산의 취득	(2,575,542)	(2,019,014)	(1,747,253)
무형 자산의 취득	(643,772)	(457,077)	(483,592)
관계기업 및 공동기업 투자의 취득	(79,665)	(66,526)	0

구분	제16기	제15기	제14기
사업결합으로 인한 현금의 감소	(3,482)	(11,684)	(18,803)
재무 활동 현금흐름	840,836	(278,833)	(188,918)
차입금의 증가	2,224,377	1,750,751	1,980,473
종속기업의 유상증자	0	6,422	723
차입금의 상환	(1,266,787)	(1,918,592)	(2,061,111)
배당금의 지급 등	(116,754)	(117,414)	(109,003)
현금 및 현금성 자산의 환율변동효과	(88,774)	(183,456)	(30,895)
현금 및 현금성 자산증가(감소)	335,460	304,981	465,750
기초의 현금 및 현금성 자산	3,015,137	2,710,156	2,244,406
기말의 현금 및 현금성 자산	3,350,597	3,015,137	2,710,156

그런데 투자 활동에 약 2.6조 원이 쓰였다. 어떤 투자를 했는지 보자. 유형자산 취득에 약 2.6조 원이 쓰였다. 작년에는 약 2조 원, 재작년에는 1.7조 원이 쓰였으므로 LG전자는 매년 1.7~2.6조 원의 투자가 이뤄져야 하는 기업으로 볼 수 있다. 현재로서는 영업 활동으로 벌어들이는 돈만큼 유형자산, 즉 시설 투자에 돈이 계속 들어가고 있는 것으로 볼 수 있다. 재무 활동 현금흐름을 보면 영업이익 대비 비중이 적은 편이고, 차입금은 더 미미하다. 즉, 대출을 크게 늘리지 않는 것으로 봐서 재무상태는 나쁘지 않은 편으로 해석된다. 이 기업은 투자 활동에 많은 돈이 들어가서 리스크가 있으나 매년 영업 활동으로 인한 현금흐름이 좋고, 차입금이 많지 않으므로 현금흐름이 좋은 상태다.

1) 영업 활동으로 인한 현금흐름

영업이익과 당기순이익을 보면 영업을 해서 얼마를 벌었는지 바로 알 수 있는데 왜 굳이 현금흐름표를 보냐고 묻는 사람들이 있을 것이다. 아마 이런 사람들은 주식 투자를 하면서 재무제표를 대충 보고 투자하는 사람이거나, 주식 경험이 짧거나, 기업을 무한 신뢰하는 사람일 것이다. 내 대답은 하나다.

"기업의 말을 곧이곧대로 믿을 수 없기에 손익계산서, 재무상태표, 현금흐름표를 입체적으로 분석하는 것입니다."

즉, 삼중으로 기업의 회계자료를 검토해야 기업이 혹시 거짓말을 하거나 부풀리지는 않는지 단서를 잡아내서 나의 소중한 투자금을 지킬 수가 있다. 투자를 하는 순간 모든 책임은 내 탓이다. 만약 투자에 실패했다면 투자를 권유한 사람을 믿은 죄, 투자 분석을 게을리한 죄, 언론을 믿은 죄, 분위기에 휩쓸린 죄, 흐름을 잘못 읽은 죄다. 투자에 실패하지 않으려면 사람을 보는 눈, 투자 분석을 꼼꼼히 하는 자세, 언론과 분위기에 선동되지 않는 뚝심, 돈의 흐름을 읽는 감각이 필요하다. 여기에 부족한 능력만큼 투자에서 실패할 확률이 높다.

그래서 손익계산서만으로도 부족한 정보들을 현금흐름표에서 찾아낼 수가 있다. 현금흐름표에서는 영업, 투자, 재무 활동 현금흐름 3가지만 보면 된다. 그 중에서 가장 영향이 큰 부분은 영업 활동 현금흐름이다. 결국 기업은 장사를 잘해서 돈을 벌어야 하기 때문에 얼마나 영업을 잘했는지가 그 기업의 가치를 매기는 일순위다. 그리고 이 영업 현금흐름표는 무조건 플러스(+)여야 하며 마이너스(−)인 기업은 쳐다

볼 필요도 없다. 물론, 일시적인 이유로 영업이익 적자가 날 수도 있지만 흑자와 적자를 왔다 갔다 하는 기업에 투자하는 것 자체가 위험이 큰 것이다. 그냥 꾸준히 흑자가 늘어나는 회사에 투자하는 것이 더 낫다.

> 영업 활동 현금흐름=당기순이익+현금유출이 없는 비용−현금유입이 없는 수익

즉, 실제로 현금이 들어온 것만 구하겠다는 이야기다. 현금유출이 없는 대표적인 비용으로는 감가상각비, 대손상각비, 보유 주식 평가손실이 있고, 현금유입이 없는 수익으로는 보유 주식 평가이익, 대손충당금 환입이 있다.

2) 투자 활동으로 인한 현금흐름

기업은 계속 사업을 해서 돈을 벌어야 하기 때문에 신상품을 개발하거나 새로운 수익원을 만들기 위해 부단히 애를 쓴다. MP3로 히트를 쳐서 돈을 번 아이리버가 신상품을 개발하지 못해 몰락한 것처럼 기업은 현재 자신의 업종에서 경쟁력을 갖추기 위해, 아니면 새로운 사업으로 진출하기 위해 지속적으로 투자를 한다. 또는 영업 활동으로 번 현금을 주식이나 부동산에 투자해 수익을 도모한다. 그래서 대부분 투자 활동으로 인한 현금흐름이 마이너스(−)를 보인다.

여기서 잘 봐야 할 부분은 이 기업이 영업으로 번 현금을 어떻게 잘 불려 나가는지를 보는 것이다. 과도하게 설비 투자를 해서 기업의 경

구분	내역
금융상품	단기 금융상품, 장기 금융상품, 만기보유 금융자산, 매도가능 금융자산 증감, 종속기업 및 관계기업 투자 취득 및 처분
유・무형자산	유형자산, 무형자산 취득 및 처분

쟁력을 유지해야 하는 기업이라면 유형자산 취득에 지속적으로 많은 현금흐름이 할애될 것이다. 반대로 우리나라 특성상 남는 현금을 부동산 구입에 쓰는 기업도 많다. 나중에 공장을 지을 땅으로 사용할 수도 있고, 건물을 지어 임대를 놓고 수익을 낼 수도 있고, 부동산 가격이 크게 오르면 처분해서 현금화 할 수도 있다. 경영자가 어떤 선택을 하든 간에 모두 유형자산 취득으로 반영된다. 그래서 주식에서 기업이 취득한 자산, 설비 투자 내역 등을 자세히 봐야 한다.

최악의 기업은 영업 활동에서 적자가 큰 데도 불구하고 지속적으로 유형자산 취득에 큰돈을 쓰는 기업이다. 들어오는 돈이 없는데 계속 투자하려면 어떻게 해야 할까? 재무 활동으로 인한 현금흐름에 답이 있다.

3) 재무 활동으로 인한 현금흐름

재무 활동은 기업이 영업이 아닌 자본활동을 통해 현금을 벌어들이는 것이다. 여기서는 은행에서 돈을 빌리는 것도 현금이 들어오는 것으로 본다. 즉 돈을 빌려와서 현금흐름이 플러스(+)가 되게 하는 것이다. 반대로 은행에 현금을 주는 것, 즉 빚을 갚는 행동은 현금흐름에 마이너스(-)가 된다. 돈을 빌리는 것 말고도 유상증자를 해서 기업에 현금이 들어오게 할 수도 있다. 주주들에게 배당금을 주는 것도 현금이 빠져나가는 것이니 마이너스(-)가 된다.

종합해보면 재무 활동으로 인한 현금흐름에서는 마이너스(-)가 기업에 있어 좋은 신호로 볼 수 있다. 반대로 플러스(+)는 돈을 빌리거나 유상증자를 했다는 이야기이므로 기업에 있어서 나쁜 신호로 볼 수 있다.

아까의 질문에 답을 해보자. 영업적자(-), 투자 지출(-)을 하게 되면 재무 활동은 당연히 플러스(+)가 된다. 기업이 물건을 만들고 파는 활동을 유지하기 위해서는 운전자본으로 불리는 기본 현금이 필요하다. 그런데 현금이 지속적으로 필요하면 재무 활동을 통해서 돈을 가져올 수밖에 없다. 빚이 늘어나면 당연히 이자도 늘어나고 기업의 수익은 더 나빠진다. 악순환이 반복되는 것이다. 경기 사이클을 타는 기업이 아닌 이상 이런 기업에 투자하면 가진 돈을 크게 잃을 가능성이 높다.

여기서 중요한 점은 무조건 돈을 빌리지 않는 기업에 투자하라는 것이 아니다. 대출 없이 사는 것이 좋다는 말은 일반인들에게 해당되는 말이고, 기업 입장에서는 적당히 대출을 받아 사업을 운영하는 것이 수익성 면에서도 좋고, 세금 절약 면에 있어서도 좋다.

우리가 봐야 할 부분은 대출이 과도해서 현금흐름을 까먹고 있는지, 갚을 능력이 충분히 있는지 확인하고, 오히려 갚을 능력도 없이 빚을 지고, 대책 없는 유상증자를 하는 기업을 찾아내서 투자를 피해야 한다.

10분 만에 이해하는
주식 기본

| PER, PBR, 낮을수록 좋다 |

초보 투자자도 이 기업의 주식이 현재 싼 건지 비싼 건지 알아보고 싶은 마음이 있다. 그래야 싸게 샀다, 비싸게 샀다고 말할 수 있을 것이고, 이는 가치 투자의 기본이 된다. 그래서 가장 많이 활용하는 것이 수익성 지표인 주가 수익비율(PER)과 안정성 지표인 주가 순자산비율(PBR)이다.

PER은 현재 주가가 주당 순이익(EPS) 대비 몇 배인지를 통해서 현재 순이익 기준으로 원금회수에 몇 년이 걸리는지를 알 수 있다. 예를 들어 PER이 5이면 원금회수에 5년이 걸린다는 것이고, PER이 100이면 원금회수에 100년이 걸린다는 뜻이다. 이 숫자가 낮을수록 원금회수에 걸리는 시간이 짧고, 그만큼 저평가 돼 있다는 뜻이다. 시가총액 ÷ 당기순이익으로 계산해도 PER 값이 나온다.

PER을 활용하면 정확하진 않지만 비교적 손쉽게 예상 투자 수익률을 구할 수가 있는데 100 ÷ PER = 예상 투자 수익률(%)이 나온다. PER이 5이면 100÷5=연 20%의 예상 투자 수익률이 나오고, PER이 100이면 100÷100=연 1%의 예상 투자 수익률이 나온다.

손쉽게 구할 수 있는 만큼 PER로만 저평가 기업을 찾는 것은 매우 위험한 발상이다. PER은 작년의 순이익, 또는 전 분기의 순이익으로 구하는 값이기 때문에 미래의 PER을 나타내지 못한다. 지금 당장 PER이 100이라도 이익이 매년 급증한다면 몇 년 안에 PER 10의 기업이 될 수도 있기 때문이다. 반대로 매년 좋은 실적을 내다가 2016년에 화재로 손실이 있어서 그해만 이익이 거의 없어 PER이 100이 됐다면 이 기업을 고평가 기업이라고 볼 수는 없다. 그래서 PER은 그냥 간단한 지표로 생각해야지 이것을 가지고 가치 투자를 하고 있다고 말해서는 곤란하다.

PBR은 시가총액÷순자산으로 구하거나 주가÷주당 순자산으로 구한다. 주가가 대출을 뺀 순수한 자산에 비해 얼마나 고평가 돼 있는지를 알 수 있는 지표로 널리 활용되고 있다. 주가가 주당 순자산보다 높다면 기업이 가지고 있는 자산 대비 주가가 비싼 편이라는 것이고 (PBR 1 이상), 주가가 주당 순자산보다 낮다면 기업이 가지고 있는 자산에 비해 주가가 싸다는 뜻으로(PBR 1 이하) 저평가 돼 있다고 부른다.

가치 투자를 할 때 PBR이 1 이하인지를 고려하는 이유는 안전마진 때문이다. 이론적으로 PBR이 1 이하인 기업의 주식을 사면 이 기업이 부도가 나도 본전 이상의 수익을 낼 수가 있다. 예를 들어 시가총액이 1,000억 원인 기업이 대출을 갚고도 실제로 가진 땅과 현금만 2,000억 원이 넘는다면 이 기업이 부도가 나도 땅과 현금만 주주들이 회수해 2배의 수익을 낼 수 있다. 기업이 망해도 수익이 나는 주식이기 때문에 이를 안전마진이라고 부르는 것이다. 버핏의 스승 그레이엄이 이런 투자를 즐겨 했고, 주로 기업이 가진 현금을 위주로 안전마진을 계산했다.

그렇다고 해서 PBR이 꼭 낮아야 할 필요는 없다. 일반적으로 급성장이 기대되는 주식들의 경우 PBR이 높은 편이다. 반대로 저PBR 주식들은 수익성이 떨어지는 업종으로 사양산업이거나 경쟁에 도태된 기업들이 많다. 지금은 현금과 부동산이 넉넉하지만, 지속적인 적자로 가진 자산을 다 까먹을 수도 있는 것이다.

결론적으로 투자 시 PER과 PBR은 참고로만 활용하자. 지금 당장 PER과 PBR이 좋다고 해서 내년, 내후년에도 좋다는 신호는 아니기 때문에 절대로 이 대략적인 신호에 신뢰를 해서는 안 된다. 자기만의 수익성지표, 안전성지표를 만들어야 투자 손실을 면할 수가 있다.

| ROE, 높을수록 좋다 |

가치 투자자에게 PER과 PBR이 중요하다면 성장을 중시하는 투자자에게 중요한 것은 자기자본이익률(ROE)이다. 자산에서 부채를 빼면 자본이 나오는데 이 자본 대비 얼마나 높은 순이익을 내는지가 ROE다. 1,000억 원을 가지고 10억 원을 버는 기업보다 100억 원을 가지고 10억 원을 보는 기업이 더 장사를 잘한다고 볼 수 있다. 100억 원을 가지고 10억 원을 수익 낸다는 것은 1,000억 원을 가지면 100억 원을 벌 수 있다는 말이기 때문이다.

그래서 ROE가 높은 기업은 순이익이 빠른 속도로 늘어난다. 순이익이 빠른 속도로 늘어나면 기업으로 들어오는 현금이 늘어나고, 투자를 더 늘리고, 이익이 더 늘어나면서 선순환이 된다.

장사를 하는데 매년 순이익이 2배씩 늘어난다고 가정해보자. 첫해는 1억 원, 다음 해는 2억 원, 3년차에는 4억 원, 4년차에는 8억 원, 5년차에는 16억 원을 번다고 하면 이 가게의 가치는 얼마로 측정해야 할까? 급격하게 이익이 늘어나는 가게를 팔 주인은 없겠지만, 이런 가게를 권리금을 주고 사려면 막대한 프리미엄을 지급해야 살 수 있을 것이다. 첫해에 10억 원이라는 프리미엄을 주고 이 가게를 인수하더라도 3년도 안 돼서 프리미엄을 전액 회수할 수 있기 때문이다.

실제로 ROE가 높은 주식들은 PER과 PBR이 모두 높다. 즉, 미래의 가치를 반영하고 있기 때문에 현재의 가치에 대비해서는 고평가인 상태로 안전마진을 담보할 수 없다. 오랜 시간 동안 개인 투자자들의 주목을 받고 있는 기업인 셀트리온은 성장주의 대표로서 2016년 실적 기준으로 PER이 74배, PBR이 6.5배다. 이런 고평가에도 계속 투자를 하는 이유는 당장은 고평가인 상태지만 이 기업의 수익이 5배 이상 급증하면 PER은 13으로 적정가치가 되고, PBR도 낮아진다고 보기 때문이다.

그럼 ROE만 보고 투자하는 것은 옳을까? 이것도 위험한 발상이다. ROE의 함정을 고려해야 하는데, 사람을 예로 들어 보자. 사람은 유아기와 청소년기에는 빠른 성장을 하지만, 성인이 되고 나면 성장속도가 급격히 둔화된다. 운동선수도 유망주 시절에는 고속 성장을 하지만 어느 정도 지나면 기량이 크게 늘지 못한다.

ROE가 높은 기업은 자본이 적은 상태에서는 약간의 순이익만으로도 높은 ROE를 보여줄 수 있지만, 기업의 규모가 계속 커져서 대기업이 된 상태에서는 높은 ROE를 유지할 수 있다는 보장이 없다. 자기자본이 100억 원일 때는 순이익이 30억 원만 돼도 ROE가 30%나 되지만 자본이 1조 원이 되면 순이익 3,000억 원이 돼야 하는데, 어느 정도 성장하면 시장은 포화상태가 되기 때문에 높은 ROE를 유지할 수

있는 기업은 많지 않다.

그래서 ROE를 보고 투자를 할 때는 이 기업이 몇 년간 지속적으로 ROE를 유지해왔는지, 앞으로도 계속 이 ROE를 유지할 경쟁력, 시장 지배력, 해외 진출가능성, 업종전환, 경영진의 능력 등 숫자로 표현할 수 없는 부분들까지도 고려해야 한다.

| EBITDA, 실제로 버는 현금이 얼마인가? |

EBITDA는 이자, 세금, 감가상각, 무형자산 상각 차감 전 이익을 말한다. 즉, 이것저것 빼지 말고 기업이 벌어들이는 현금창출능력 이라고 볼 수 있다. 당기순이익을 곧이곧대로 활용하지 않고 이렇게 EBITDA를 쓰는 이유가 있다.

예를 들어 어느 식당 사장님과 대화를 한다고 해보자.

"사장님, 장사가 아주 잘되네요. 요새 얼마나 벌어요? 나도 고깃집 한번 차리려고요."

"아유, 하지 마세요. 손님이 많아서 많이 버는 것처럼 보여도 남는 것 하나 없어요. 은행이자 내야지, 세금 내야지, 기계설비도 주기적으로 교체해줘야지 할 게 많아요. 올해는 확장하려고 옆 가게도 인수하고, 인테리어 싹 다 하고, 테이블 갈고 하느라 적자예요. 먹고살기도 바빠요."

"그럴 리가요. 이렇게 장사가 잘되는데……."

과연 적자라고 할 수 있을까? 가게 사장의 말대로 올해 적자이니 이 근처에 고깃집을 차리면 안 되겠다고 생각하는 바보는 없을 것이다. 사장은 좋게 말해 엄살을 피고 있는 것이고, 의도적으로 수익을 낮추고 있는 것이다.

장사가 잘되면 당연히 영업으로 인한 현금흐름이 좋다. 그런데 가게 확장을 하느라 유형자산 취득에 돈이 많이 들어가는 바람에 오히려 적자가 났다. 그렇다고 이 가게를 적자 보는 가게라고 할 수는 없다. 이 손님이 진짜로 궁금한 것은 무엇일까?

"사장님 그러면 세금, 이자, 감가상각 이런 거 하기 전에 이 가게가 얼마를 버는지는 알 수 있을까요?"

"그건 알아도 못 알려주죠. 댁이라면 모르는 사람이 연봉 얼마냐고 물어보면 알려줄 거예요? 그냥 남는 거 없다고 알고 돌아가세요."

우리가 궁금한 것은 차포 떼기 전에 이 기업이 영업을 통해 매년 만들어내는 현금창출능력이다. 서로 얼마나 버는지 비교할 때 생활비, 이자, 올해 투자한 돈을 빼고 비교하면 누가 얼마나 더 버는지 알기가 어렵다. 그래서 세전 연봉이 얼마냐고 서로 묻고 비교하듯 기업도 EBITDA가 얼마인지 알면 기업의 가치를 구하기가 쉬워진다. 일반적으로 많이 쓰는 것이 EV/EBITDA로 구하는 식은 다음과 같다.

EV(시가총액+순차입금)/EBITDA(영업이익+유무형자산 상각비)

시가총액을 단순히 당기순이익으로 나눈 것이 PER이라면 EV/EBITDA는 이 기업을 인수할 때 들어가는 돈을 실제 현금창출능력으로 나눠서 얼마 만에 원금을 회수할 수 있는지 계산할 때 편리하다. 고무줄처럼 유동적으로 표현이 가능한 당기순이익보다는 맨얼굴인 EBITDA가 현금흐름의 관점에서 투자하는 투자자에게 더 좋은 지표가 된다.

구분	삼성전자	SK하이닉스	LG전자
PER	9.19	5.76	11.16
EV/EBITDA	3.78	3.07	5.26

앞의 표는 2017년 실적 기준 삼성전자, SK하이닉스, LG전자의 PER과 EV/EBITDA를 나타낸 것이다. 표를 보고 PER로 기업의 투자 가치를 측정하는 것이 실제로 가능한 일인지 묻고 싶다. 시가총액÷당기순이익이 PER인데 기업의 시가총액은 시장전망이나 뉴스에 따라 변동 폭이 심하고, 당기순이익도 적자와 흑자를 왔다 갔다 할 수가 있다. 둘 다 이처럼 변동 폭이 심한데 어떻게 PER을 신뢰할 수 있는 지표라고 할 수 있을까? 게다가 기업의 시설 투자비를 뺀 EV/EBITDA라는 지표 값을 믿는 것도 어려운 일이다. 반도체나 전자, 디스플레이 사업은 버는 돈의 대부분을 다시 시설 투자에 돈을 써야 사업을 유지할 수가 있다. 기술에서 밀리는 순간 기업의 수익이 심하게 떨어지기 때문에 버는 돈을 함부로 쓸 수가 없는 상황이다. 그런데 여기서 시설 투자에 대한 감가상각비를 순이익에 계산하지 않는다는 생각은 매우 위험한 일이다.

EV/EBITDA는 몇 배 이하여야 저평가라고 할 수 있을까? 정설로는 5배 이하가 돼야 싸다고 말할 수 있고, 3배 이하는 매우 싸다고 말할 수 있다고 말한다. 주식 시장이 활황일 때는 5배 이하 기업을 찾기가 거의 어렵고, 시장이 어려울 때는 5배 이하 기업들이 꽤 많아진다. HTS에 검색해보면 우리가 원하는 기업은 거의 많지 않다는 것을 알 수 있다.

버핏도 지적한 적이 있듯이 EBITDA의 맹점도 있다. 감가상각비를 반영하지 않는다는 것은 위험한 발상이다. 고깃집을 다시 예로 들어보자. 고깃집을 운영하면 10년에 한 번은 인테리어, 테이블, 의자, 집기, 주방 등을 교체해줘야 한다. 이때 들어가는 비용을 3억 원이라고 보면 매년 3,000만 원씩 10년간 감가상각비를 반영해야 한다. 그러나 EBITDA에서는 이 3,000만 원을 수익으로 보고 있는 것인데, 10년 뒤에도 계속 고깃집을 할 것이라면 이 비용을 지워서는 안 된다는 것이 버핏의 생각이다. EBITDA를 사용하면 기업을 과대평가하게 되고, 높은 인수가격을 지불할 수밖에 없게 된다. 그래서 감가상각비는 실제비용으로 보는 것이 기업가치를 측정할 때 객관적으로 볼 수 있다.

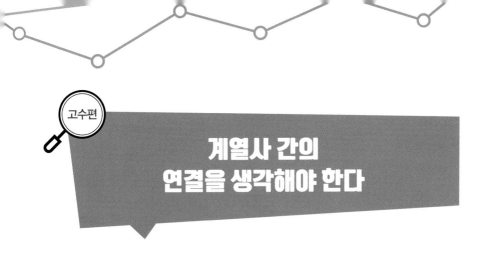

계열사 간의 연결을 생각해야 한다

| 연결재무제표와 별도재무제표 |

DART에 접속해 사업보고서를 보면 연결재무제표와 별도재무제표 두 가지가 나오는 것을 볼 수 있다. 연결재무제표는 그 기업이 가지고 있는 자회사(지배기업)의 실적까지 모두 반영해서 표시하는 것이고, 별도재무제표는 자회사를 제외한 해당기업의 실적만 나타내는 것이다. 그래서 이 둘의 수치가 현격히 다르게 나오는데 어느 재무제표를 봐야 옳을지 고민이 되는 경우가 많다. 다음의 표를 보면 재무제표를 연결로 볼지 별도로 볼지 더 혼란스러워진다.

단위 : 억 원(괄호는 별도재무제표)

구분	예림당	티웨이홀딩스	티웨이항공
시가총액	2,128	2,590	비상장
매출액	4,527(357)	4,118(291)	3,827
영업이익	192(54)	142(21)	126
당기순이익	66(16)	36(20)	20
자산	2,455(830)	1,755(665)	958
부채	1,314(67)	1,264(259)	970
자본	1,141(763)	491(406)	−115
주요 주주	−	예림당 54.6%	티웨이홀딩스 81% 예림당 12%

저가항공사 중 하나인 티웨이항공을 자회사(종속기업)로 보유하고 있는 기업은 티웨이홀딩스다. 티웨이홀딩스는 티웨이항공 지분 81%를 보유하고 있는 모회사(지배기업)로, 대부분의 매출이 티웨이항공에서 나오고 있는 회사다. 그 외 사업에서는 매출과 이익이 거의 나지 않고 있다.

예림당은 티웨이홀딩스의 모회사(지배기업)로 지분 54.6%를 가지고 있다. 예림당은 출판업을 하는 회사로 독립적인 매출을 가지고 있으나 실제로 티웨이항공에서 나오는 매출이 90%가 넘는다. 예림당은 티웨이홀딩스를 소유하고, 티웨이홀딩스는 티웨이항공을 소유해서

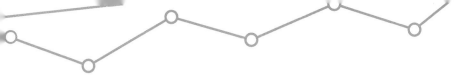

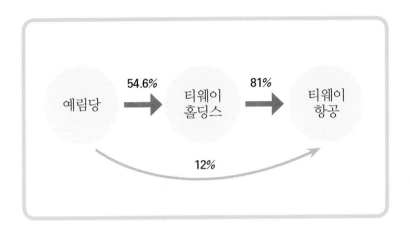

실질적으로는 예림당이 티웨이항공의 할머니회사가 된다. 그리고 티웨이항공 덕분에 연결재무제표로 보면 이 두 회사는 매출이 4,000억 원이 넘는 규모 있는 회사로 보인다.

그런데 별도재무제표로 보면 예림당은 매출이 357억 원, 티웨이홀딩스는 259억 원의 소규모 회사가 되고, 손자회사인 티웨이항공은 혼자 거대한 회사가 된다. 즉, 작은 회사가 자회사로 자기보다 덩치가 더 큰 회사를 소유함으로써 개별재무제표와 별도재무제표의 큰 차이가 발생한다.

그럼 왜 기업은 보고서에 연결재무제표와 별도재무제표를 모두 표기하는지 이해가 갈 것이다. 별도재무제표로만 본다면 예림당이나 티웨이홀딩스는 보잘것없는 작은 회사였겠지만, 티웨이항공의 실적이 연결돼서 반영되기 때문에 이 두 회사의 실적이 10배가 넘게 잡힌다. 이런 현상들 때문에 연결재무제표를 기본으로 표시하는 이유다. 이제 연결재무제표를 어떻게 해석해야 하는지를 알아보자.

| 종속기업과 관계기업의 차이 |

연결재무제표에 이익이 반영되려면 모회사가 자회사(종속기업)를 지배하고 있어야 한다. 지배를 하는 방법 중 가장 간단한 방법이 자회사의 지분 50% 이상을 가지고 있으면 된다. 그러면 자동적으로 종속기업의 실적이 모회사의 연결재무제표에 잡히기 때문에 모회사의 연결재무제표만 보고도 포함된 실적을 모두 확인할 수가 있다.

그런데 꼭 지분이 50%가 넘지 않아도 지배력이 있을 수 있다. 지분 20~50% 사이를 보유하고 있더라도 실질적인 지배력이 있다고 판단

구분	지분	회계반영방법	기준
종속기업	50% 이상	연결재무제표 작성 대상 (매출,영업이익,당기순이익)	지배를 받고 있는가?
관계기업	20~50%	영업 외 수익 (지분법 손익)	유의적인 영향력을 끼치는가?
매도가능 금융자산	20% 미만	기타포괄손익 (매도가능 금융자산 평가이익)	지배 ×, 영향력 ×

되면 연결재무제표 작성 대상이 된다. 그러나 보통 50%가 넘는 경우 연결재무제표를 작성하고, 20~50% 사이의 지분을 보유하고 있으면 관계기업으로 분류해 지분법을 적용한다. 지분법을 적용하면 실적이 연결되지 않고, 해당기업의 당기순이익을 지분에 비례해 지분법손익에 표시된다. 20% 미만이 되면 기업의 지배력도 영향력도 없다고 볼 수 있으므로 매도가능 금융자산으로 평가하고, 매도가능 금융자산 평가이익으로 반영한다. 즉, 실적이 이익으로 잡히는 것이 아니고, 보유 가치가 이익과 손실로 잡히는 것이다. 매도가능 금융자산이 아무리 우수한 당기순이익을 내도 주가가 하락했다면 손실로 잡힌다.

일반적으로 자회사의 지분을 20% 이하로 가져가는 경우는 많지 않기 때문에 일반적인 방식으로 측정하는 것이 옳으나 업종 및 기업에 따라서 이런 회계방식으로 기업의 가치가 왜곡될 수 있는 경우도 있다. 예를 들어 20% 이하로 우량기업에 지분을 투자한 투자 회사라면 보유한 기업들의 지분만큼 당기순이익으로 반영하지 못하고, 그 기업의 주가에 따라 기타포괄이익으로 잡혀 매력적이지 않은 회사로 보일 수가 있다.

대표적인 기업이 버핏이 소유한 버크셔 해서웨이(Berkshire Hathaway) 인데 코카콜라, 질레트(Gillette), 웰스파고(Wells Fargo), 가이코 (GEICO), 아메리칸익스프레스(American Express Company), 워싱턴포스트(Washington Post) 등 세계적인 우량기업 지분을 보유하고 있음에도 기업에 영향력을 끼치지 못하기 때문에 재무제표 반영이 불리하게 돼 기업의 가치를 제대로 인정받지 못하고 있다고 버핏이 토로한 적 있다.

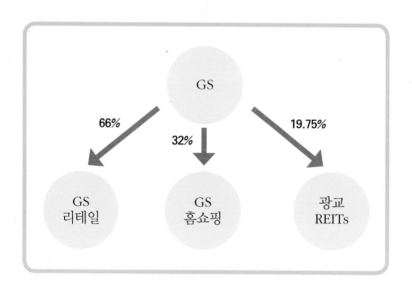

여러 계열사를 보유하고 있는 지주회사 GS를 예를 들어 보자. GS리테일은 지분이 50%를 초과하는 66%이므로 당연히 종속기업이 된다. GS리테일의 실적이 GS의 실적에 연동되는 것이다. GS홈쇼핑의 경우 지분이 20~50% 범위에 속하고, 기업에 영향력을 행사하고 있으므로 관계기업이 된다. 반대로 동천두드림파워 지분은 10%만 가지고 있음에도 임직원이 해당회사의 이사로 재직하고 있어 영향력을 끼치고 있으므로 관계기업이다. 즉, 꼭 지분이 기준에 맞지 않아도 실질적으로 지배하느냐, 영향력을 끼치느냐가 이 3가지 기준을 나누는 핵심이 된다.

광교 REITs의 경우 지분을 20% 조금 안 되게 가지고 있는데 해당기업 지분에 대해 어떤 지배력도 영향력도 미치지 않고 있기 때문에 매도가능 금융자산으로 분류한다.

| 종속, 관계기업의 내부거래 제거하기 |

만약에 내가 A지주회사를 통해 B와 C라는 계열사를 가지고 있다면 무한 매출, 무한 이익을 낼 수 있다. 예를 들어서 C가 B에 100억 원어치 물건을 팔고 10억 원 이익으로 기록하고, B는 A에 110억 원어치 물건을 팔고 10억 원 이익으로 기록한다. A는 다시 C에 120억 원어치 물건을 팔고 10억 원 이익으로 기록한다. 이를 무한 반복하면 회사가 한 달 만에 100조 원 매출, 10조 원 이익도 가능해진다. 이게 무슨 헛소리인가 싶겠지만 계열사를 가지고 회계조작을 쉽게 할 수 있다는 것이다.

그래서 연결재무제표에는 계열사 간의 내부거래는 인정하지 않고 제외해서 반영한다. 왜 해당기업의 매출, 영업이익이 그대로 반영되지 않느냐고 묻기 전에 내부거래를 생각해보자. 내부거래 외에도 투자 자본상계 제거, 미실현 손익 제거도 한다.

그럼 하나만 더 생각해보면 만약 영향력을 끼치지는 않지만 우회해서 영향력을 끼칠 수 있는 기업이 있다면 어떻게 될까? 결론부터 말해서 재무제표 조작이 가능하다. 영향력을 끼치지 않는다면 내부거래 삭제가 되지 않는다. 즉, 서류상으로 매출전표만 왔다 갔다 해도 매출과 이익이 모두 잡힌다. 예를 들어 기업 10주년 기념을 위해 매출 1,000억 원 달성이 목표라면 연말에 거래처나 우호적인 기업에 부탁을 해서 매출 좀 올려주면 1,000억 원 달성은 손쉽게 할 수 있다.

물론 이런 예시는 아주 흔치 않는 일이고, 기업 상장을 눈앞에 두고 있어 기업가치를 극대화 시킬 때 이런 내부거래, 재무제표 조작이 들어간다. 또 다른 방법으로는 창고 밀어내기 방법이 있다. 매출달성을 위해 대리점이나 납품업체에 물량 밀어내기를 하는 것이다. 예를 들어 12월에 한 달 치 물건을 납품하는 것이 아니라 3~6개월 치 물량을 밀어내면 순간적으로 매출과 이익이 높게 잡힌다. 해외에 있는 지사로 물건을 밀어내면 실제로 물건이 필요해서 출하가 된 건지 매출을 높이려고 한 건지 알아낼 방법이 없다.

그래서 갑자기 매출이 늘어난 기업이 있다면 왜 갑자기 매출이 늘었는지, 매출이 늘어서 어떤 이득을 얻는지를 의심해봐야 한다.

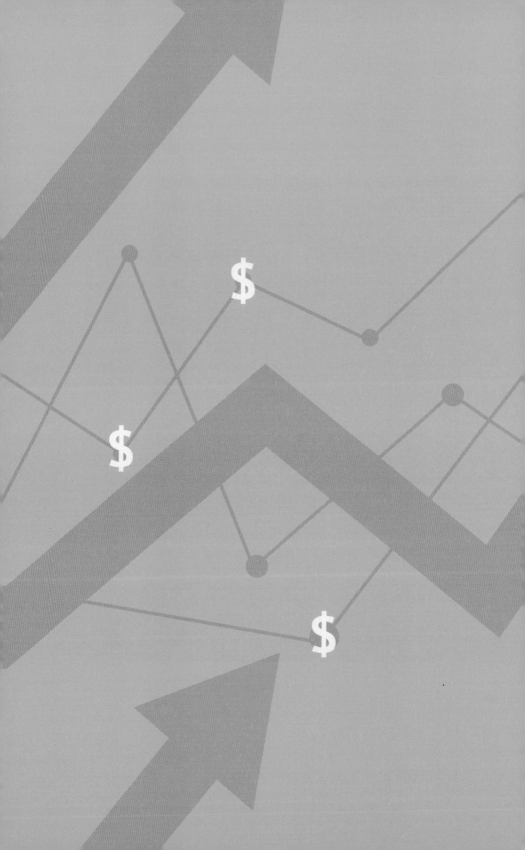

3장

워렌 버핏처럼
재무제표 고수되기

📊 손익계산서를 의심하라

손익계산서를 조작하는 것은 매우 쉬운 일이라고 앞서 말했다. 조작하는 일은 매우 쉬운 일인 데 반해 이 손익계산서가 조작된 것인지 파악하는 데는 많은 시간이 걸린다. 만약 시간이 무한정하다면 일일이 확인해보면 좋겠지만, 개인 투자자에게 있어 가장 소중한 것은 시간이다. 최소한의 시간을 투자해서 가장 우량한 기업들을 찾아내야 하기에 일일이 손익계산서를 분석하며 힘든 씨름을 할 필요가 없다.

그래서 생각해낸 개인적인 방법은 기업 규모가 작은 회사들은 일체 쳐다보지 않는 것이다. 작은 회사들 속에 유망주들이 있고, 숨은 진주들이 많은 것은 사실이다. 그런데 그 숨은 진주들보다 독버섯이 더 많이 존재한다. 어떤 날은 진주를 캐서 돈을 벌고, 어떤 날은 독버섯을 캐서 모든 돈을 다 잃는다면 백날 투자를 잘해도 한 번에 무너질 수 있다. 그래서 재무제표를 신뢰할 수 있을 만한 제법 덩치가 있는 기업을 선호한다.

대기업이나 대기업에 가까운 기업들의 재무제표를 분석하는 일은 마음이 편하다. 일반적으로 많은 시선들이 존재하고, 이 정도 기업을 일궈오기까지 오랜 시간을 보냈기 때문에 그동안 분식회계나 부패한 경영을 했는지에 대한 기록이 다 남아 있다. 30년을 깨끗이 경영한 기업이 앞으로 10년도 문제없는 경영을 할 가능성이 높다. 반면, 생긴 지 3년밖에 되지 않은 기업은 위기가 오면 어떻게 대처해갈지 알 수가 없다. 그만큼 투자에 리스크가 생기는 것이다. 전통 있는 기업은 그만큼의 신뢰를 준다. 그래서 내 경우에는 누구나 알 만한 기업, 오랫동안 위기를 헤쳐 나가면서도 부패하지 않은 기업을 선호한다.

그럼에도 불구하고 대기업도 실적쇼크를 발표할 때가 종종 있다. 문제는 그 기업이 실적쇼크를 이실직고하고 발표하기 전까지는 재무제표상으로는 우량한 기업이라는 사실이다.

삼성엔지니어링은 2013년 실적 부진을 털어내고 2014년 흑자로 돌아섰다. 매출은 다소 줄었지만 영업이익이 흑자로 돌아서고 당기순이익도 5,000억 원 이상 냈기에 좋아진 줄 알았을 것이다. 그러나 2015년 사업보고서에는 다시 1조 원 이상의 실적쇼크를 냈다. 문제는 기존의 실적쇼크의 충격이 계속 간 것이라는 점이다. 이게 왜 문제가 되냐면 경영진은 적자를 알았을 것이다. 해외 플랜트 건설이기 때문에 장기간 공장을 짓고, 납품을 해서 돈을 받는 형식이라 이익이 올해 다르

3-1 | 삼성엔지니어링

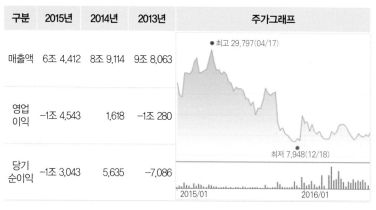

단위 : 억 원

구분	2015년	2014년	2013년	주가그래프
매출액	6조 4,412	8조 9,114	9조 8,063	최고 29,797(04/17)
영업이익	-1조 4,543	1,618	-1조 280	
당기순이익	-1조 3,043	5,635	-7,086	최저 7,948(12/18) 2015/01 2016/01

고 내년에 다를 수가 없다. 경영자라면 최소한 3년에서 5년간은 적자라는 사실을 인지했을 것이고, 이를 지속적으로 실적에 반영을 해줬어야 했다. 그런데 2014년에 살아나는 듯한 보고서를 작성하고, 2015년에 다시 충격을 줬다. 이렇게 재무제표를 표시하면 주식 시장에서 살아남을 투자자는 별로 없다.

해외발 실적쇼크를 건설업과 조선업은 같이 겪고 있었다. 대우조선해양도 2014년에는 적자 폭을 줄이다가 2015년에는 실적쇼크를 발표했다. 이 두 회사뿐만 아니라 여러 건설, 조선 회사들이 실적쇼크를 발표했다. 건설업과 조선업은 물건을 수주하면 제작해서 완성까지 몇 년이 걸리기 때문에 매출과 실적을 어떻게 볼 것이냐 하는 문제가 있다. 10조 원짜리 선박을 수주했다고 할 경우 공사 단계 공정률에 따라 들어가는 재료비와 받아야 할 돈을 산정하고, 들어올 돈과 나갈 돈을

3-2 | 대우조선해양

단위 : 억 원

구분	2015년	2014년	2013년	주가그래프
매출액	15조 4,436	15조 5,615	14조 5,848	
영업이익	- 2조 1,244	- 5,650	- 1조 100	
당기순이익	- 2조 2,092	- 8,527	- 9,204	

회계로 잡기 때문에 실제 가지고 있는 현금흐름과 손익계산서가 일치하지 않는다. 이렇게 되면 미청구공사 대금이 발생하고 이 금액이 증가하게 되면 기업은 현금이 막혀 도산하는 것이다.

게다가 만약 호황기에 들어온 주문을 몇 년 동안 만들고 있었는데, 업황이 안 좋아져서 발주처에서 인도를 거절하고 대금을 납부하지 않는다면 어떻게 될까? 조선업에서는 이런 일이 허다하다.

그래서 가급적이면 건설업과 조선업은 투자를 피하는 것이 좋다. 호황과 불황의 주기가 있고, 제품을 만드는 데 기간이 오래 걸려 현금흐름과 손익계산서의 시차가 발생하고, 호황 시 수주가 쌓여도 불안하고, 불황 시에 저가로 잔뜩 수주를 했는데 호황기가 도래하면 밀린 공사를 하느라 이익을 내지 못해 곤란한 상황에 빠지게 되기 때문이다.

가급적 납품과 채권회수가 빠른 업종, 즉 현금회전이 빠른 업종에 투자하면 이런 리스크를 줄일 수가 있다.

요약

1. 규모가 큰 기업에 투자하라.
2. 역사가 오래되고, 깨끗한 경영을 하는 기업에 투자하라.
3. 납품과 채권회수가 빠른 업종에 투자하라.

📈 매출, 영업이익, 순이익이 꾸준히 증가하는 기업을 찾아라

　면접이나 오디션을 보면 여러 지원자를 보게 된다. 그러다 보면 심사위원도 사람이다 보니 지칠 수밖에 없다. 그래서 심사위원들도 나름대로 노하우가 있는데 어차피 지원자는 많고, 뽑아야 하는 사람은 몇 명 안 되다 보니 평범한 지원자들이 들어올 때는 보는 둥 마는 둥하다가 비범한 지원자가 들어오면 순간적으로 집중해서 자세히 본다. 이렇게 해야 수백 명의 지원자를 만나도 필요한 사람을 뽑을 수가 있다. 모두에게 집중하고 에너지를 쏟으면 아마 절반도 보지 못하고 쓰러질 것이다.

　기업의 재무제표를 보는 것도 마찬가지다. 작은 기업을 제외하고, 신생 기업을 제외하는 일은 유쾌한 일은 아니지만 에너지를 아끼는 일이다. 큰 기업, 오래된 기업 중에도 진주는 많으니까 굳이 고생할 필요가 없다.

　개인적으로 1단계로 거르는 기준은 재무제표에서 매출, 영업이익, 순이익을 보고 매년 꾸준히 증가하는지를 본다. 네이버에서 검색해도 5년 치 재무제표를 비교해서 볼 수가 있다. 그럼 매출, 영업이익, 순이익이 증가하는지 확인하는 데 1분도 안 걸린다. 1시간이면 60개 기업을 찾을 수가 있고, 5시간이면 300개의 기업을 찾을 수가 있다. 하루에 5시간씩 일주일만 찾으면 2,100개의 기업을 찾을 수가 있고, 이 정도면 웬만한 국내 상장기업들은 다 찾아볼 수 있다.

그럼 그 중에 5년간 매출과 영업이익, 순이익이 꾸준히 증가하고 있는 기업은 얼마나 될까? 생각보다 많지 않다. 많으면 즐거운 고민이라도 할 텐데 이런 기업이 별로 없다. 그래서 사람들은 자꾸 나쁜 선택을 하게 되고, 손실을 입는다.

3-3 | 오뚜기 손익계산표

단위 : 억 원

구분	2013년	2014년	2015년	2016년	2017년
매출액	17,282	17,817	18,831	20,107	21,262
영업이익	1,051	1,159	1,334	1,425	1,461
당기순이익	922	941	1,049	1,380	1,324
주가	398,000	486,000	1,225,000	662,000	806,000

3-4 | 오뚜기 주가그래프(출처 : 네이버)

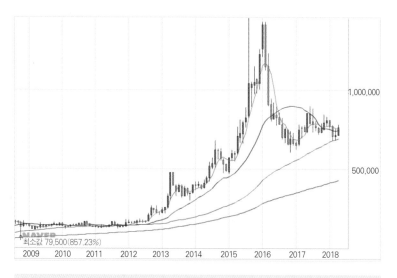

하루 만에 대박 주식 찾는 워렌 버핏의 재무제표 파헤치기

왜 매출과 이익이 꾸준히 늘어나는 기업에 투자해야 하는지 묻는 사람이 있다면 그 사람과 주식에 대해서 논하고 싶지도 않을 것이다. 기업은 가게와도 같다. 꾸준히 매상과 이익이 늘어나는 가게를 인수해야지, 매상과 이익이 들쑥날쑥하거나 감소하는 가게를 인수하면 안전하게 돈을 벌 수 없다. 꾸준히 매출과 이익이 늘어난다는 신호는 내가 투자한 돈을 안정적으로 보장받을 수 있다는 신호와 같다. 매출과 이익이 매년 꾸준히 늘어나는 기업의 주가가 하락할 일이 있을까?

3-3과 3-4 오뚜기의 손익계산표와 주가그래프를 보면 주식 투자가 그리 어렵지 않다는 것을 알 수 있다. 매출, 영업이익, 당기순이익이 꾸준히 상승하면 주가도 꾸준히 상승한다. 2015년에 주가가 가치보다 급등하는 오버슈팅이 있었지만, 나머지 해에는 매출, 영업이익, 순이익, 주가가 모두 꾸준히 올라가고 있는 모양새다.

오뚜기의 2013년~2017년의 실적이 우상향 한다는 것을 알게 됐다면 2018년~2019년의 실적이 어느 정도 예측 가능하다. 그럼 성장하는 실적만큼 주가도 얼마가 될지 예상할 수 있다. 특별한 이변이 없는 한 오뚜기의 매출과 이익은 꾸준히 늘 것이고, 주가도 지속적으로 상승할 것이다. 그런데 이런 투자를 안 하는 사람들이 하는 변명이 몇 가지가 있다.

- 투자가 심심하다.
- 1주 가격이 너무 비싸다.
- 크게 오르지 못한다.

그럼 다시 묻고 싶다.

- 투자가 심심하다. ➡ 투자가 왜 다이내믹해야 하는가? 투자는 놀이기구가 아니다.

- 1주 가격이 너무 비싸다. ➡ 이 사실이 투자 수익률에 어떤 영향이 있는가?

- 크게 오르지 못한다. ➡ 대박을 노리는 것은 투자인가? 투기인가?

이미 오뚜기를 2013년에 사서 4년간 보유하고 2017년에 팔았다면 4년간 100% 이상의 수익률을 낼 수 있다. 물론 2015년 오버슈팅 시절에 팔았다면 3년간 200%의 수익률을 낼 수도 있었겠지만 타이밍을 맞추는 것은 신의 영역이다. 그냥 단순하게 당장 사서 장기간 보유하면 되는 간단한 주식이고, 충분히 만족할 만한 수익률을 주고 있다.

실제로 매출액, 영업이익, 순이익이 꾸준히 오르는 다른 기업의 주가를 살펴보면 모두 장기 보유할 경우 주가가 생각보다 꽤 많이, 오래 상승하는 것을 알 수 있다. 이 정도만 배우고 주식을 투자해도 큰 무리가 없지만 그래도 혹시 모를 위험에 대비하기 위해, 더 훌륭한 진주를 발견하기 위해 다음 것들도 배워 보자.

📊 손익계산서 중 조작된 부분을 찾아라

마음만 먹으면 모든 회계수치를 속이는 것은 그리 어려운 일이 아니다. 물론 불법은 안 되겠지만 합법적인 범위 내에서도 회계를 어느 정도 원하는 대로 만들 수가 있다. 그리고 실제로 기업이 유리한 대로 사업보고서를 발표하고 있다. 그리고 투자자들은 이를 믿고 투자하고 있다.

어떻게 이런 일이 벌어질까? 회계 기준이 명확하지 않기 때문이다. 사업의 종류가 다양하고, 똑같이 돈을 벌어와도 어떤 것은 영업이익이 되고, 어떤 것은 영업 외 이익이 된다.

예를 들어 임대업을 사업목적에 추가한 기업이 건물 임대료를 받으면 영업이익에 포함이 되고, 사업목적에 임대업이 추가돼 있지 않으면 영업 외 이익이 된다. 또, 같은 지분을 가지고 있는 계열사가 각자 똑같은 돈을 벌어와도 어떤 경우는 영업이익에 포함되고, 어떤 경우는 영업 외 이익, 또 어떤 경우는 이익이 아닌 자산증가로 본다.

이것을 불법이라고 말하는 사람은 아무도 없다. 그냥 엿장수 마음이고, 우리는 이것을 다시 재해석해서 눈치를 채야 한다. 이런 재무제표 속에서 남들은 눈치 못 채고, 혼자 눈치를 챌 수 있다면 당신은 부자가 될 소질이 있다.

보통 기업이 회계수치를 건드리기 편리한 건 재무상태표이고, 손익계산서는 원하는 대로 그림을 그리기가 어렵다. 그래도 손익계산서를 손보는 경우가 많다. 연속 적자를 면하고 억지로 흑자로 돌려세우기 위한 경우도 있고, 이익이 많이 나면 세금을 많이 내야 하고 주가가 상승하므로 주가 상승을 누르기 위해서 이익을 일부러 줄이는 기업들도 있다.

주가가 오르면 좋은 건데 왜 오너가 이를 바라지 않는 경우가 생길

까? 크게 두 가지 경우가 있는데 오너의 지분이 적은 기업일 경우가 이에 해당한다. 충분히 기업을 장악할 정도의 수준이 되지 못할 경우 기업의 실적이 좋으면 적대적 인수·합병(M&A)의 타깃이 될 수 있기 때문이다. 자신이 지분을 안정적으로 늘릴 때까지 매력적이지 않은 기업으로 보여야 더 싸게 주식을 매입하고, 시간을 벌 수 있다. 다른 하나는 상속을 위한 경우다. 현재 많은 오너들이 2세에게 지분을 상속 해줘야 하는 시점이 다가왔다. 하지만 상속세의 경우 세율이 높기 때문에 정상적으로 상속을 할 경우 많은 현금이 필요하고, 현금이 없을 경우 주식으로 세금을 내야 하는데 이때, 상당 지분을 잃어 기업에 대한 지배권을 상실할 수가 있다. 그래서 안정적으로 상속을 하기 위해 조금씩 천천히 상속을 진행하는데, 주가가 오르면 상속세도 오르므로 가급적 주가를 누르고 싶어 한다. 그래서 기업의 상황과 주가, 손익계산서를 모두 봐야 재무제표를 이해하고, 이상한 부분을 빠르게 찾아낼 수 있다.

가장 손쉽게 찾는 방법은 일반적인 해와 다르게 유달리 늘거나 줄어든 부분을 찾는 것이다. 연평균 매출이 200억 원~300억 원인 회사가 이번 해에 갑자기 매출이 500억 원이 되거나 100억 원이 됐다면 어딘가에 문제가 있는 것이다. 매년 영업적자를 지속해오다가 갑자기 올해만 간신히 흑자를 냈다면, 아마 상장폐지를 막기 위해 영혼까지 회계를 끌어모아 장부를 쓴 것일 수도 있다. 이렇듯 인위적으로 손을 댄 부분은 티가 많이 나므로 이런 곳을 중점적으로 찾아보면 시간을 절약할 수 있다.

손익계산서에서 가장 이익을 줄이고 늘리기 쉬운 부분은 판매비와 관리비 부분이다. 월급, 임차료, 공과금 등 대부분의 비용이 여기에 포함되기 때문에 은근슬쩍 넣거나 부풀려도 티가 잘 나지 않기 때문이다.

그 중에도 우리가 여기서 잘 봐야 할 부분은 감가상각비, 무형자산

3-5 | LG디스플레이 판매비와 관리비

연결실체의 판매비와 관리비 내역은 다음과 같습니다.

단위 : 백만 원

구분	당기	전기
급여	276,824	268,182
퇴직급여	28,999	26,967
복리후생비	89,717	88,191
운반비	191,442	199,774
지급수수료	192,786	191,106
감가상각비	129,225	118,719
세금과 공과	30,523	30,958
광고선전비	67,636	265,755
A/S비	166,691	146,829
임차료	25,840	24,184
보험료	11,561	10,826
여비교통비	23,343	24,411
교육훈련비	14,464	15,515
기타	55,365	59,400
합계	1,304,416	1,470,817

상각비, 연구개발비, 매출채권손상차손 등이다. 유형자산이 노후화
되면 새로 교체를 해야 하기 때문에 감가상각비가 발생하는데 내용
연수를 몇 년으로 잡느냐에 따라 순이익이 바뀔 수가 있다. 예를 들
어 5조 원이 들어간 대형설비 내용연수를 2년으로 잡으면 매년 2.5조

3-6 | LG디스플레이 유형자산 감가상각내역

전기 중 유형자산의 변동 내역은 다음과 같습니다.

구분	토지	건물 및 구축물	기계장치
기초 취득원가	434,601	5,952,542	35,359,577
기초 감가상각누계액	–	(1,838,043)	(29,782,076)
기초 손상차손누계액	–	–	(8,167)
기초 장부가액	434,601	4,114,499	5,569,334
취득	–	–	–
사업결합(*2)	–	–	24,466
감가상각	–	(278,225)	(2,618,820)
손상	–	–	(3,027)
매각/폐기	(2,092)	(5,651)	(437,515)
기타증감(*3)	30,210	48,824	2,232,756
환율변동효과	68	986	(11,673)
정부보조금 수령	–	–	(5,017)
기말 장부가액	462,787	3,880,433	4,750,504
기말 취득원가	462,787	5,998,384	36,450,747
기말 감가상각누계액	–	(2,117,951)	(31,694,483)
기말 손상차손누계액	–	–	(5,760)

원의 감가상각비가 발생하고, 10년으로 잡으면 매년 5,000억 원의 감

가상각비가 발생한다. 그러면 당기순이익이 최대 2조 원이 차이가 나

게 된다. 예를 들어 올해 적자를 내고 싶지 않고, 흑자를 기록하고 싶

다면 취득한 유형자산의 내용연수를 길게 잡으면 감가상각비가 낮게

단위 : 백만 원

비품	건설 중인 자산(*1)	기타	합계
833,458	1,122,749	236,323	43,939,250
(724,340)	–	(183,744)	(32,528,203)
(1)	–	(13)	(8,181)
109,117	1,122,749	52,566	11,402,866
–	2,561,108		2,561,108
490	–	2,054	27,010
(56,353)	–	(15,996)	(2,969,394)
–	–	–	(3,027)
(913)		(9,992)	(456,163)
79,910	(2,415,227)	23,527	–
(688)	316	(372)	(11,363)
–		–	(5,017)
131,563	1,268,946	51,787	10,546,020
794,894	1,268,946	216,044	45,191,802
(663,331)	–	(164,257)	(34,640,022)
–	–	–	(5,760)

형성돼 영업이익이 늘어나게 된다. 그러므로 평소보다 감가상각비가 차이 나게 늘거나 감소하면 의심해봐야 한다.

무형자산도 감가상각이 가능하다. 브랜드 이미지 같이 감가상각의 개념이 아닌 경우도 있지만 산업재산권, 소프트웨어, 개발비 등은 감

3-7 | LG디스플레이 무형자산, 개발비 감가상각내역

당기 중 무형자산의 변동 내역은 다음과 같습니다.

구분	산업재산권	소프트웨어	골프회원권 및 콘도회원권	개발비
기초 취득원가	817,359	698,844	51,092	1,111,503
기초 상각누계액	(516,421)	(541,212)	–	(924,273)
기초 손상차손누계액	–	–	(9,873)	–
기초 장부가액	300,938	157,632	41,219	187,230
내부창출	–	–	–	322,288
외부구입	21,160	–	800	–
사업결합(*1)	–	365	–	–
상각(*2)	(41,088)	(75,786)	–	(253,178)
매각/폐기	–	–	(336)	–
손상	–	–	(138)	–
대체(타계정 포함)		65,327	–	–
환율변동효과	5,256	(1,766)	8	–
기말 장부가액	286,266	145,772	41,553	256,340
기말 취득원가	904,664	806,835	51,564	1,433,791
기말 상각누계액	(618,398)	(661,063)	–	(1,177,451)
기말 손상차손누계액	–	–	(10,011)	

가상각이 가능하다. 이 경우도 작년 대비해서 갑자기 상각이 줄거나 늘어난 부분은 없는지 찾아보고, 이상 있는 부분은 주석을 세세하게 읽어 보고 관련 뉴스 기사를 찾거나 해당기업 주식 담당자에게 전화를 걸어 물어봐야 한다.

단위 : 백만 원

건설 중인 자산	고객관계	기술	영업권	기타(*3)	합계
2,986	59,176	11,074	104,455	13,089	2,869,578
–	(19,731)	(6,275)	–	(13,063)	(2,020,975)
–	–	–	–	–	(9,873)
2,986	39,445	4,799	104,455	26	838,730
–	–	–	–	–	322,288
80,481	–	–	–	–	102,441
–	–	–	4,623	–	4,988
–	(6,947)	(1,107)	–	(20)	(378,126)
–	–	–	–	–	(336)
–	–	–	–	–	(138)
(65,327)	–	–	–	–	–
598	–	–	994	–	5,090
18,738	32,498	3,692	110,072	6	894,937
18,738	59,176	11,074	110,072	13,077	3,408,991
–	(26,678)	(7,382)	–	(13,071)	(2,504,043)
–	–	–	–	–	(10,011)

개발비의 경우 기업에게는 꽃놀이패에 해당할 수도 있는 부분이므로 투자에 유의해야 한다. 기업은 물건을 연구하고, 실험해서 성공하면 양산을 통해 제품을 팔아 수익을 낸다. 제품이 판매되고 수익을 주기 전까지 개발기간이 길어질 수도 있고, 막대한 비용이 들어갈 수도 있다. 제품개발이 완료돼 매출이 발생하기 전까지는 이 비용에 대해서 개발비로 비용처리를 하게 된다. 이 개발비가 높아지면 영업이익이 줄어든다. 예를 들어 LG디스플레이의 경우 매년 개발비가 영업이익에 버금가는 수준이다. 기업 입장에서는 당연히 개발비를 비용처리하기보다는 무형자산으로 인식시키고 싶어 한다. 그렇게 되면 나중에 매출이 나는 해부터 무형자산 상각비로 돌려서 차감시키면 되므로 당장 개발비는 줄어들고, 영업이익이 늘어난다. 그러면 투자자 입장에서는 영업이익이 늘은 것으로 오해하고 투자했는데, 막상 개발한 제품이 판매가 저조하면 낭패를 볼 수도 있다. 그러므로 개발비가 매년 큰 변동이 없는지, 무형자산 상각비도 큰 변동이 없는지를 확인해야 한다.

📊 부도를 예고하는 신호를 찾아라

수많은 기업의 재무제표 속에서 진주를 찾기는 어렵다. 아직 주가가 오르지 않았으면서 곧 주가가 오를 가능성을 보여주는 기업을 찾기란 쉽지가 않다. 재무제표가 좋으면 그에 맞게 주가가 꽤 상승한 경우가 많다. 사람들이 장점보다는 단점을 잘 찾아내듯이 반대로 곧 부도가 날 것 같은 회사를 맞추는 것은 꽤 쉽다. 여러 가지 조건에 한두 개만 해당돼도 의심해보게 되고, 세밀하게 들어가 보면 상태가 더 심각한 경우가 많기 때문이다.

부도를 예고하는 신호는 간단하게만 설명하고자 한다. 굳이 부도가 날 가능성이 있는 기업에 투자할 이유가 없기 때문이다. 우리는 우리에게 수익을 줄 수 있는 기업을 찾는 데 에너지를 더 쏟아야 한다. 부도 신호 10가지 중 한두 가지만 해당된다면 가차 없이 그 기업에 대한 분석은 종료하고, 좋은 기업을 찾는 데 시간을 할애하자. 분석할 기업은 산더미처럼 쌓여 있다.

1) 매출채권이 급격히 상승한 기업

외상매출액÷평균매출채권=매출채권회전율이 나오는데, 매출채권이 급증하게 되면 회전율이 떨어지게 된다. 즉, 어딘가에 현금이 막혔다는 뜻이고, 대규모의 손상차손이 발생할 수도 있다는 신호가 된다. 최악의 경우 급격히 상승한 만큼 순이익이 감소할 수도 있으므로 주의 깊게 봐야 한다.

2) 재고자산이 급격히 증가하는 기업

매출원가÷평균재고자산=재고자산회전율이 나온다. 재고자산이 늘어난다는 것은 현금흐름이 나빠지는 것도 있지만, 중요한 것은 물건 판매가 더디다는 뜻이다. 생산량이 늘었는데 물건이 안 팔리는 것도 문제이고, 생산량은 그대로인데 판매량이 떨어진 것도 문제가 된다. 주가흐름에 직격탄이 되는 부분이므로 투자하고 있는 기업이 있다면 재고자산을 눈여겨보자.

3) 부채비율이 높은 기업

부채비율이 높은 기업은 여러모로 부도가 날 확률이 높다. 부채비율이 300% 이상 된다면 투자할 이유가 없는 기업이고, 400%가 넘는다면 투자 금지 기업이 된다. 600%가 넘는다면 오래 못 가 사망선고가 내려질 기업일 확률이 높다. 예를 들어 자본이 100억 원인데 부채가 600억 원인 부채비율 600%의 기업이라고 하자. 그 정도의 기업이면 돈을 연 6% 이상은 주고 빌려야 할 텐데, 매년 이자만 36억 원이 나온다. 3년 치 이자만 내도 완전자본잠식에 들어간다. 부채가 늘어난다는 것은 기업이 최근 인수합병, 대규모 투자를 한 경우가 아닌 이상 장사에서 적자를 보고 있다는 뜻이다. 적자를 보는 기업이 은행이자를 낼 방법은 돈을 더 빌려 오거나 유상증자를 하는 방법밖에 없다.

예외의 경우도 있는데 항공사는 일반적으로 부채비율이 높다. 2016년 말 기준 대한항공의 부채비율은 1,178%, 아시아나 항공이 690%나 된다. 정상적인 기업이라면 이런 부채비율로 몇 년 안에 부도가 났어야 하지만, 항공사는 비행기 가격이 워낙 비싸서 대출 및 금융리스를 활용해서 비행기 수를 유지한다. 그래서 항공사를 볼 때는 영업이익에서 금융비용을 제하고도 수익이 넉넉히 남는지, 얼마나 꾸준히 금융비용을 감당하면서 안정적인 수익을 내고 있는지를 봐야 한다.

4) 유상증자를 자주 하는 기업

상승장에는 유상증자가 호재로 인식돼 주가가 상승하는 경우가 많았으나 일반적인 경우 유상증자 신호는 나쁘게 보는 경우가 많다. 앞의 경우처럼 기업이 돈을 잘 벌지도 못하고, 더 이상 돈을 빌릴 경우도 없는 궁지에 몰렸을 때 유상증자를 하는 경우가 많다. 오너 입장에서 유상증자에 같이 참여하지 않는 이상 자신의 지분이 줄어드는데 굳이 유상증자를 할 이유가 없다. 그럼에도 불구하고 유상증자를 한다는 것은 그만큼 기업의 상황이 곤경에 처했다는 신호일 경우가 많다. 만약, 근래 들어 유상증자를 했는데도 또 유상증자를 하는 기업이 있다면 바로 매도하고 나오는 것이 좋다.

5) 감자를 하는 기업

상장폐지 위기에 처한 기업이 흔히 하는 것 중 하나가 감자 후 유상증자다. 기업의 적자가 심해져서 2년 연속 자본금 50%를 까먹게 되면 상장퇴출이 된다. 이럴 경우 상장폐지를 막기 위해 감자를 통해 자본을 감축하는데, 자본금이 5,000억 원인 기업이 10대 1 감자를 하면 자본금이 500억 원이 되고, 4,500억 원은 이익잉여금이 된다. 예를 들어 자본금이 5,000억 원인 기업이 2년 연속 자본잠식에 빠져 자본 3,000억 원을 까먹었다고 치자. 그럼 감자가 돼서 자본금은 500억 원이 되고, 남은 4,500억 원으로 적자 3,000억 원을 메우고 나도 잉여금 1,500억 원이 남는다. 이러면 상장폐지를 면하게 된다. 그럼 주식도 10주가 1주가 된 셈이니 산술적으로 주가는 10배가 올라야 하는데 실제로 그렇지가 않다.

감자 뒤에는 반드시 유상증자가 따라오는 경우가 많아서 기존주주들이 타격이 크다. 기존주주들은 10대 1 감자로 10주가 1주가 됐는데, 출자를 해주는 기관들은 이보다 싸게 주주배정을 받으므로 기존주주는 손해, 신규주주는 이득이 되는 상황이다. 망할 가능성이 있는 기업을 출자기관들이 심폐소생술을 해주니 호재로 인식될 수도 있지만, 심폐소생술로 살아나는 기업이 그리 많지 않다는 것에 주목하자. 굳이 리스크가 큰 기업에 내 돈을 맡길 이유는 없다.

6) 대주주와 대표이사의 잦은 변경

대주주가 자주 변경된다는 것은 매우 좋지 않다. 사장이 자주 바뀌는 가게는 반드시 문제가 있듯이, 기업의 주인이 자주 바뀌는 것 또한 분명 좋지 않은 신호다. 대표이사가 자주 바뀌는 것도 기업의 실적이 좋지 못하다는 뜻이거나 대형사건이 터지기 전에 총알받이를 고르는 경우일 수도 있으므로 이런 기업은 피해서 나쁠 것이 없다.

7) 인수합병을 즐겨 하는 기업

시너지를 낼 수 있는 기업을 저렴한 가격에 인수하거나 합병하는 것은 기업이 한 단계 더 커질 수 있는 좋은 방법이 된다. 예를 들어 SK의 하이닉스 인수는 시너지와 타이밍, 인수가격 모든 면에서 완벽했다. 그러나 국내에서는 인수합병을 해서 이득을 본 경우보다 손해를 본 경우가 더 많다는 것에 유의하자. 기존 사업과 시너지가 전혀 없는

M&A를 하거나 가치 대비 비싸게 인수합병을 하는 경우, 업황이 한창 좋은 기업을 인수하는 경우, 실속 없는 껍데기 회사를 인수하는 경우 등 잘못된 인수합병은 경영자의 도덕성을 의심해볼 수 있고, 잦은 인수합병은 경영자의 판단능력 상실을 의심해봐야 한다. 수익 없는 큰 기업을 유지하는 것보다 작더라도 단단한 기업을 보유해야 불황이 와도 살아남을 수가 있다.

승자의 저주라는 단어를 잊지 말자. 극동건설 인수와 태양광산업에 모든 것을 걸었다가 그룹이 분해된 웅진그룹, 맥주와 면세점 등 알짜 자산을 매각 후 건설, 중공업 기업으로 변신해 미국의 밥캣(Bobcat) 인수 후 10년째 자금난을 겪고 있는 두산그룹이 대표적이다. 작은 기업들의 경우 경영자가 리베이트나 횡령을 하기 위한 수단으로 작은 기업들을 인수하는 경우가 많다. 100억 원짜리 기업을 200억 원으로 평가해주고 인수한 다음 50억 원은 뒤로 받는 형식을 취하면 이를 투자자들이 알 방법이 없다. 또한 인수 당하는 입장에서도 마냥 좋지 않을 수도 있다. 그 기업이 가진 자금, 기술을 삼키기 위해 인수를 하고 단물을 빼먹은 뒤, 다시 버리는 경우도 많기 때문이다.

알짜 기업을 인수하기 위해 부채를 늘린 기업은 매출과 이익이 그 이상으로 증가하면서 부채를 갚아 나가고 기업을 성장시킬 수가 있다. 대표적인 사례로 2012년에 하이닉스를 인수한 SK텔레콤이다. 3.4조 원에 지분 20%를 인수하고 나서 적자기업이었던 하이닉스는 다음 해에 갑자기 순이익이 3조 원에 육박하더니 그다음 해부터 2년 연속 4조 원 순이익을 낸다. 인수 후 4년간 순이익만 약 14조 원이고, 지분비율로 치면 약 3조 원 순이익으로 4년 만에 투자 원금을 거의 다 뽑았다고 봐도 될 정도로 성공적인 인수였다. SK텔레콤은 이에 화답하듯이 인수소식에 계속 하락하던 주가는 12만 원에서 2년 만에 30만 원이 된다. 그러나 이렇게 아름다운 경우가 많지 않은 것이 사실이다.

8) BW와 CB를 발행하는 기업

정상적인 기업이면 대주주의 지분율을 낮추는 전환사채(CB)와 신주인수권부사채(BW)를 발행할 이유가 없다. 보통 은행에서 돈을 더 이상 빌릴 수가 없거나 회사채 발행 성공을 장담하기 힘들 정도일 때 이런 사채를 발행하게 된다. 그만큼 기업이 돈이 급하다는 신호로 투자자에 있어 적신호로 볼 수 있다.

전환사채(CB)는 이자가 낮은 대신 채권자가 나중에 주식으로 전환해서 받을 수도 있고, 원금과 이자를 선택해서 받을 수도 있다. 일종의 원금보장을 해주면서 주식으로 전환할 수 있는 권리가 부여되는 것이다. 주식으로 전환하게 되면 기업의 채무는 사라지지만 주식 수가 늘어 주주들의 지분이 희석된다. 그리고 전환가격이 문제가 되는데 실제 주가보다 낮은 가격에 주식 전환을 해주게 되면 주가하락의 요소가 된다. 그래서 CB를 악용하는 사례도 많다.

신주인수권부사채(BW)는 이자가 낮은 대신 채권+주식 인수권 두 가지를 제공해준다. 채권을 받으면서도 서비스로 주식 인수 옵션을 받기 때문에 투자자는 원금과 이자를 보장받으면서도 행사가격으로 주식을 살 수도 있는 권리를 가질 수가 있다. 채권자 입장에서는 좋겠지만 투자자 입장에서는 최악이다. 부채가 줄지도 않으면서 주식 수는 늘어나기 때문이다. 순간적으로 현금이 필요한 불가피한 상황이 아니라면 발행해서는 안 되는 채권들이다. 이를 남용하는 기업이라면 기업의 상황이 매우 안 좋거나 다른 의도가 있다고 보는 것이 좋다.

9) 부채가 꾸준히 늘고 있는 기업

신용불량자가 되는 스토리는 대부분 비슷하다. 어떤 이유로 대출을 받게 됐는데 이러저러한 사연에 의해서 대출이 늘고, 월급으로도 이자가 감당이 안 돼 결국 신용불량자가 됐다는 결말로 마감이 된다. 어찌 보면 당연한 원리다. 대출을 받은 돈으로 이자 이상의 수익을 내지 못하면 기존 월급으로 이자를 갚아야 한다. 안 그래도 빡빡한 월급에서 이자까지 갚고 나면 대출원금을 갚기는커녕 대출이 계속 늘어나게 된다. 대출이 늘어나면 이자는 더 늘어나고, 결국 버는 돈으로 감당이 안 된다.

기업들도 마찬가지다. 장밋빛 전망 또는 욕심으로 대출을 활용해 투자를 하다가 이자 이상의 수익을 내지 못하면 악성대출이 되고, 이자가 늘고, 또 대출이 늘고, 계속 악순환이다. 늘어나는 부채 이상으로 매출, 영업이익, 당기순이익이 지속적으로 늘고 있는지를 확인해야 한다.

10) 해외 투자에 적극적인 기업

해외 투자에 적극적인 기업은 재무제표를 볼 필요도 없이 덮는 편이 낫다. 물론 해외 투자를 통해 수익을 올리는 기업이 있을 수도 있겠지만 해외 법인에 대해 감독과 규제가 느슨하기 때문에 이 돈이 어디로 흘러가는지 개인 투자자 입장에서는 확인할 방법이 없다. 해외 유전개발, 광산개발, 인프라개발 등 다양한 소식으로 몇 조 원 이상의 가능성이 있는 사업이라고 주가를 띄우고, 이때 유상증자를 통해 얻은 돈을 해외 법인에 보낸다. 그리고 해외 법인은 무엇을 하는지 감감무소식이다가 사업보고서에 조용히 해외 법인을 철수했다고 적어놓으면 투자자는 가만히 앉아서 당할 수밖에 없다. 해외의 소식이니 일이 얼마나 진행되고 있는지 알 수도 없고, 본사에서 발표하는 소식만 믿고 기다려야 하니 여간 불안한 일이 아니다. 게다가 이 돈을 어떻게 쓰고, 어떤 수익을 냈다는 보고서조차 받을 수가 없으니 실체가 있는지도 알 수가 없다. 실제로 해외 투자라는 이름으로 돈을 횡령하는 사례도 종종 있다. 국내에서도 수익을 못 내면서 잘 알지도 못하는 해외에서 대박을 내겠다는 기업은 신뢰성이 떨어질 수밖에 없다.

11) 단기부채가 많은 기업

1년 안에 갚아야 하는 부채를 단기부채라고 한다. 개인으로 치면 신용대출, 마이너스통장은 1년 단위로 갱신을 하기 때문에 단기부채로 볼 수 있고, 주택담보대출은 10~30년 상환이므로 장기부채로 볼 수 있다. 장기부채는 이율이 안정적이므로 상환계획을 세울 수가 있고, 만기가 도래해도 연장을 하면 되지만 단기부채는 1년 안에 갚아야 하고, 기업의 상황이 나빠지면 연장이 되지 않을 확률이 높아진다. 그런데 단기부채가 장기부채에 비해 많은 상황이라면 은행에서 돈을 빌려주려고 할까?

물론 단기부채도 연장이 가능하다. 이를 롤오버(Roll-Over)라고 하는데 문제는 기업의 신용도가 좋아지면 대출금리도 낮아지지만, 기업의 신용도가 낮아지면 불안감이 높아지므로 대출금리가 높아지거나 연장 거절이 발생한다. 그러면 2금융권, 3금융권으로 내려가면서 더 비싼 이자를 내고 돈을 빌려야 한다. 이런 높은 이자는 기업의 순이익을 갉아먹는다.

상황에 따라서는 단기부채가 더 유리한 경우도 있다. 금리가 장기간 하락할 것으로 예상되는 경우 1년 단위로 부채를 연장하면서 금리를 낮추는 방식은 똑똑해 보일 수 있다. 그러나 외환위기, 금융위기 등으로 롤오버 거절사태가 벌어지면 기업은 갑자기 현금이 막힌다.

실제로 이런 일이 빈번했고, 앞으로도 벌어질 가능성이 높다. 그러므로 리스크가 높은 단기부채를 많이 보유한 기업은 피해야 한다.

📊 자본잠식, 액면분할은 알고 하자

이 책을 쓰는데 지인이 기업 하나를 검토해달라고 연락이 왔다. 자기가 속한 투자 클럽에서 장외 주식을 추천한다고 하는데 기업에 대한 정보가 없다고 분석을 해달라는 이야기였다. DART로 검색을 해보니 나오지도 않을 정도로 작은 기업이었다. 군이 검색할 필요성을 못 느꼈지만 지인의 소중한 돈을 위해 신용평가회사에 돈을 주고 재무제표를 사왔다.

분석해보니 아니 웬걸, 자본잠식이 3년 전에 일어났고, 2년 전에 증자를 해서 자본을 채웠으며, 또 계속 적자가 나서 자본잠식이 일어났고, 아마도 올해 말에는 완전자본잠식 발표가 나지 않을까 예상되는 기업이었다. 그런데 이런 기업의 주식을 헐값에 대량으로 사들인 다음 순진무구한 투자자들한테 매우 가능성이 높은 기업이라며 곧 대박을 안겨줄 것이라면서 비싼 가격에 다시 되팔고 있었다.

망하기 직전의 주식을 대량으로 싸게 사서 회원들한테 소량으로 비싸게 파는 파렴치한 투자 회사를 사기죄로 고소하고 싶지만 현행법상 고소가 성립되지가 않는다. 투자를 권유했을 뿐 결국 개인들이 결정하고 판단해서 산 것이고, 이들은 이윤을 붙여 팔았을 뿐 이 주식의 적정가치가 얼마인지도 모르고 덜컥 덤빈 개인 투자자들의 실수다. 원금보장 등을 제안한 적도 없고, 허황된 미래만 말했을 뿐이기 때문에 실제 피해를 입어도 법률상으로 고소할 방법이 없다.

부동산에서도 이런 일이 많이 일어난다. 아파트는 KB시세가 있기 때문에 사기를 칠 수가 없다. 그런데 땅은 매매가 뜸해 시세라는 것이 존재하지 않기 때문에 좋지 않은 땅을 대량으로 싸게 사서 순진무구한 사람들한테 소량으로 비싸게 파는 부동산 개발업자들이 많다.

만약 이 주식들이 코스피나 코스닥에 상장돼 있는 기업이라면 이런 일이 없었을 텐데 적정가치도 모르고 사고 후회하는 사람들을 보며 재무제표는 반드시 배워야 한다고 말해주고 싶다.

본론으로 들어가서 자본잠식이 벌어졌다면 굳이 이 기업에 투자를 할 이유도 없고, 그냥 손 떼고 빠져나가라고 말하고 싶다. 물론 자본 잠식이 일어난 다음 극적으로 살아나서 주가가 상승하는 경우도 있다. 그러나 그런 기업이 살아나는 것은 우리가 예상할 수 있는 범위가 아니다. 채권자와 채무자 간의 관계, 정치적인 상황, 업황의 미래, 지역경제에 끼치는 영향 등 변수가 너무도 많기 때문에 이 기업이 살아나리라고 장담할 수가 없고, 장담해서도 안 된다.

3-8 | 자본의 구성

기업이 장사를 시작하려면 종잣돈이 있어야 하는데 우리는 이것을 자본금이라고 한다. 예를 들어 장사를 하려고 100만 원을 준비했다면 100만 원이 종잣돈이 되는 것이고, 액면가를 1주당 5,000원으로 하면 총 200주가 나오게 된다. 그리고 장사를 하고 시간이 지나서 400만 원의 수익이 생기면 이를 현금으로든 건물로든 보유를 하게 된다. 장사밑천 100만 원을 뺀 수익금 400만 원을 우리는 이익잉여금이라고 부른다. 그 후에 동업을 하고 싶어 하는 투자자가 나타나서 이 투자자에게 액면가 5,000원인 주식 1주당 55,000원에 100주를 판다면 500만 원(55,000원−5,000원=주당 50,000원 차익×100주)이라는 자본잉여금이 생긴다. 그러면 자본금 100만 원과 자본잉여금 500만 원, 이익잉여금 400만 원을 더하면 자본총계가 1,000만 원이 된다. 그래서 액면가와 주가의 차이가 벌어지는 것이다.

삼성전자 주식을 보면 액면가는 5,000원인데 주가는 200만 원이 넘는다(물론 최근에 액면분할을 했다). 그만큼 장사를 잘해서 이익잉여금이 많았다는 뜻이고, 증자를 적게 했다고 볼 수 있다. 주당 가격이 너무 크면 거래가 부담스럽기 때문에 통상적으로 액면분할을 하고 싶어 한다. 액면가를 5,000원에서 500원으로 만들면 주식 수는 10배가 늘어나서 실제 자본금은 똑같다. 산술적으로 주가도 1/10로 줄어든다. 즉, 액면분할을 하든 말든 자본금과 자본에는 어떤 영향도 주지 않는다는

3-9 | 액면분할

액면가 5,000원

1/10 액면분할

500원 500원 500원 500원 500원 500원 500원 500원 500원 500원

것이다. 그러나 액면분할은 심리적인 호재, 거래량 증가 정도의 영향을 끼치기에 어느 정도 상승 기대효과를 발생시킨다.

반대로 그 이후로 장사가 안 됐을 경우도 생각해보자. 처음에는 돈을 벌어서 이익잉여금이 900만 원이 됐다가 유행이 끝나서 물건이 안 팔리는 바람에 벌었던 돈 900만 원도 다 까먹고 종잣돈 100만 원 중 20만 원을 까먹었다고 치자. 그럼 사업하기 전에 가지고 있던 돈 100만 원이 이제 80만 원이 됐으니 장사를 안 하는 것만도 못한 것이 됐다. 이렇게 자본이 자본금보다 작아지는 것을 부분자본잠식이라고 한다.

부분자본잠식이라고 해도 자본금의 50% 이상을 까먹으면 관리종목으로 지정된다. 투자자에게 투자를 조심하라고 알리게 되는 것이다. 이런 종목은 예수금에 100만 원이 있으면 100만 원어치 밖에 살 수가 없다. 워낙 망할 징조가 보이니 미수거래조차도 허락을 하지 않는 셈이다.

완전자본잠식은 종잣돈 전액을 다 잃은 것이다. 100만 원으로 사업을 시작했는데 그 100만 원을 모두 잃었으니 알거지가 된 기업이므로 상장폐지가 돼 주식 시장에서 퇴출시켜버린다. 그럼 완전자본잠식이 된 회사는 밑천을 더 갖고 와서 자본과 자본금을 늘리면 된다. 액면가 5,000원으로 주식을 발행하면 전액 자본금이 되고, 6,000원으로 주식을 발행하면 5,000원은 자본금이 되고, 1,000원은 자본잉여금이 된다. 이렇게 자본과 자본금을 늘려서 자본총계/자본금 비율이 50%가 넘으면 관리종목 지정을 면할 수가 있다.

요새 문제가 되고 있는 저가항공사들의 자본잠식 상황을 보자. 진에어와 제주항공은 주식에 상장돼 있고, 대한항공과 애경에서 각각 만든 계열사로 대기업의 넉넉한 지원을 받아서인지 자본상황이 안정적이다. 현재로서 이 두 회사는 걱정이 없다.

반대로 대기업 산하 계열사가 아닌 티웨이항공과 이스타항공은 현재 완전자본잠식 상태에 빠져 있다. 주식 시장에 상장돼 있었다면 상장폐지가 됐을 종목들이나 현재 비상장회사이므로 별다른 제재는 없다. 그래서 이 회사에 투자할 일이 없다고 생각해서는 오산이다. 티웨이항공은 상장사인 티웨이홀딩스와 예림당이 보유하고 있고, 이 두 회사의 대부분의 매출이 티웨이항공에서 나오고 있으므로 티웨이항공에 간접 투자가 가능한 종목들이다. 화두가 되고 있는 저가항공사들의 상장기대로 이 두 회사도 마찬가지로 매수세가 이어지고 있는데 티웨이항공이 완전자본잠식상태라는 것을 알고 투자하는 것인지 의문스럽다.

3-10 | 저가항공사 자본금 상황

단위 : 억 원

	티웨이항공	이스타항공	진에어	제주항공
자본총계	−11	−220	779	2,719
자본금	169	386	270	1,315
자본잉여금	277	24	0	894
이익잉여금	−503	−628	510	509
비율(자본/자본금)	−0.06%	−57%	288%	207%

📈 증자와 감자, 그리고 피해야 할 차등감자

주식을 하다 보면 유상증자, 무상증자라는 이야기를 많이 들어봤을 것이다. 유상증자는 주주들에게 돈을 받고 주식을 추가로 제공하는 것이다. 기존의 자본금과 자본잉여금이 있는데 유상증자 발행가격을 액면가 5,000원 이상으로 하게 되면 5,000원은 자본금으로 들어가고 초과금액은 자본잉여금으로 들어간다. 유상증자를 하면 외부에서 현금을 수혈해왔기 때문에 이 돈으로 빚을 갚거나 새로운 사업에 진출할 수가 있다. 그래서 유상증자를 하면 이 돈을 어떤 목적으로 쓸 것이냐에 따라서 주가가 오르고 내린다. 보통 회사가 돈이 궁해서 유상증자를 하는 경우가 많은데 이럴 경우 주가하락 이유가 된다. 게다가 주식 수가 그만큼 드러나기 때문에 나중에 주당 순이익이 낮게 나오게 된다. 그래서 유상증자를 하면 그 돈으로 그 이상의 수익을 내줘야 주당 순이익이 떨어지지 않는다.

반대로 무상증자는 내부에 있는 잉여금을 자본금으로 바꾼 다음 기존주주들에게 주식을 서비스로 더 주는 것이다. 대표적으로 매년 주주들에게 무상증자를 주는 유한양행이 있다. 기업이 번 수익금을 현금으로 나눠주면 배당금이 돼 이자소득세를 내야 하지만 이렇게 주식으로 나눠주면 세금을 내지 않기 때문에 주주들에게 이득이다.

그런데 전체적으로 보면 현금으로 배당을 주거나 무상증자를 해주든지, 유보금으로 남기든 주주 입장에서는 똑같은 셈이다. 그래도 가급적이면 세금이 나가는 현금배당보다는 이익이 난 돈을 가지고 회사가 더 잘 투자해서 계속 이익을 내야 이익이 이익을 내는 복리 투자가 가능해진다. 그래서 버핏도 가진 자본을 효율적으로 활용해서 높은 수익을 내면서 배당을 하지 않는 기업을 선호했다.

증자를 하면 자본금이 늘어난다. 반대로 감자를 하면 자본금이 줄 어든다. 즉, 장사밑천이 줄어드는 것이다. 그럼 기업들은 왜 감자를 해야만 할까?

장사가 잘되는 기업들은 감자를 할 이유가 없다. 자본금을 줄이는 것이 무슨 의미가 있을까? 자본금을 줄여 잉여금을 넘겨봤자 어차피 사업을 하는 데 전혀 필요 없는 일이다. 그렇다면 반드시 자본금을 줄 여야 하는 기업들이 감자를 한다는 이야기인데 앞서도 말했듯이 자 본/자본금 비율이 50% 아래로 내려가는 일을 막기 위해서 감자를 실행한다. 예를 들어 자본이 40만 원이고 자본금이 100만 원이면 비 율이 40%로 관리종목이 될 수 있으나 10대 1 감자를 통해 자본금을 10만 원으로 만들면 비율이 400%가 돼서 증시에서 불이익을 면할 수가 있기 때문이다. 하지만 이런다고 해서 기업의 이익이 늘어나거 나 하지는 않는다. 계속 자본금을 줄이다가 더 줄이지 못하는 상황이 오면 결국 상장폐지를 당할 수밖에 없다.

예를 들어 10대 1 감자를 하게 되면 10주가 1주가 되므로 주가도 10배가 돼야 이론상으로 맞다. 하지만 감자를 한다는 것 자체가 사망 소식이므로 실제로는 그렇게 되지 못하는 경우가 많다. 그 이유가 3자 배정 유상증자를 하기 위해 감자를 하는 경우가 대부분이다. 유상증 자를 하려면 액면가 이상으로 발행을 해야 하는데 현 주가가 액면가보다 낮은 상황이면 유상증자를 할 수가 없기 때문에 강제로 주가를 액면가 이상으로 올리기 위해서 하는 것이다. 즉, 감자를 하면 반드시 유상증자가 따라온다고 생각하면 된다.

뉴스에서 대주주는 30대 1, 일반주주는 10대 1 차등감자를 실시하기로 했다는 이야기를 들어본 적이 있을 것이다. 기업경영이 악화된 책임을 물어 대주주에게 더 혹독한 벌을 내리는 것이다. 그렇다면 일반주주도 벌을 받는 것 아닌가? 맞다. 주식회사는 모든 주주들에게 가진 지분만큼 권리와 책임이 있다. 이렇게 자본금을 줄인 다음에 새로운 투자자에게 유상증자를 해준다. 예를 들어 대주주의 주식 300주가 10주가 되고, 일반주주의 주식 100주가 10주가 된 상황에서 새로운 투자자는 20주만 유상증자에 참여해도 지분 50%의 대주주가 된다.

눈치 빠른 사람들은 알아챘겠지만 만약 정말 괜찮은 기업, 절대 안 망하고 언젠가는 살아날 것 같은 기업의 주식을 사려면 감자와 유상증자를 한 이후에 주식을 사야 한다. 감자 후 유상증자를 통해 주식 수가 많아지면서 당연히 주당 순이익이 감소하게 되고, 주가는 더 미끄러지게 된다. 그래서 이때 주식을 사면 싸게 주워 담을 수가 있다.

실제로 2015년에 팬오션은 감자와 유상증자를 한 이후 주가는 3,000원 밑으로 내려갔다. 이미 실적 대비 주가가 상당히 저평가인 상태임에도 불구하고 암울한 업황, 법정관리 이미지, 유상증자로 인한 수급 꼬임 등의 영향으로 주가가 상당히 낮게 형성돼 있었다. 팬오션의 새로운 주인은 하림으로 결정됐다. 하림과 팬오션은 시너지가 날 수 있는 기업이고, 법정관리로 인해 부채가 잘 정리됐으며, 최악의 업황에서도 주가보다 더 높은 이익을 내고 있어 앞으로 업황은 좋아 질 수밖에 없었다.

이런 판단이 선 후, 걱정 없이 팬오션을 주워 담았다. 주워 담았다는 표현을 쓸 정도로 돈이 되는 대로 과감하게 계속 매수했다. 3년은 기 다려야 하지 않나 생각했는데 미국 경기도 살아나고, BDI 지수가 오 를 기미가 보이면서 주가는 안정을 찾고 계속 올랐다. 1년이 지나 매 각했을 때는 수익률이 100%를 넘겼다.

팬오션의 주가는 벌크운임지수인 BDI지수의 영향을 받는데 BDI지 수가 오르면 팬오션 주가가 오르고, 팬오션의 주가가 오르면 조선 주식 들의 주가가 한 박자 뒤에 슬금슬금상승한다. 운임이 오르면서 선주들 이 배를 주문하기 때문이다. 그래서 팬오션을 판 돈으로 조선 주식을 사들이고, 조선 주식도 단기간에 주가가 오르면서 짭짤한 수익을 안겨 줬다.

3-11 | 감자 및 유상증자 후 팬오션 주가

📊 재고자산이 대박과 쪽박기업 힌트를 준다

손님이 계속 늘어나는 식당의 특징은 무엇일까? 가게 뒤편에 식재료가 잔뜩 쌓인다. 장사가 안 돼서 쌓이는 것이 아니라 손님이 계속 있으니까 재료가 부족해서 못 파는 일이 벌어지지 않도록 미리 더 주문을 해두는 것이다. 그래서 맛집은 블로그를 보고 찾는 것이 아니라 식자재를 배달하는 사람한테 물어보면 더 빨리 알 수 있다.

기업의 경우도 마찬가지다. 매출이 늘어날 것으로 예상되면 자재부터 사들인다. 특히, 업황이 좋아지면 해당 원자재의 가격이 상승하므로 쌀 때 미리 잔뜩 사둘 필요가 있다. 그래서 가격이 안정적인 자재

3-12 | 고려아연 재고자산

구분	제37기(2010년)	제36기(2009년)	제35기(2008년)
재고자산	787,689,573,463	721,550,106,604	313,636,734,005
제품	125,859,018,075	93,859,050,090	67,437,300,160
반제품	161,931,764,422		
상품			219,466,266
부산물	1,664,915,428	68,838,156,592	3,049,369,555
제공품	90,991,230,832	146,842,922,290	78,480,807,431
원재료	321,895,260,026	223,391,245,878	64,396,359,236
저장품	10,106,109,491	7,835,082,246	8,294,738,684
미착자재	72,920,300,162	179,751,431,903	90,398,248,445
기타재고자산	2,318,975,027	1,032,217,605	1,360,444,228

보다 탄력성이 있는 자재가격이 먼저 상승하게 된다. 그래서 우리는 재고자산을 자세히 들여다보면 앞으로 이 기업에 어떤 일이 벌어질지 가늠해볼 수가 있다.

이런 경우 외에도 재고자산을 보고 횡재를 하는 경우도 종종 있는데 재고로 사놓은 원자재의 가격이 폭등하는 상황이 벌어졌을 경우다. 우리가 생각하는 원자재 중에서 가장 비싼 것은 무엇이 있을까? 금일 것이다. 원자재로 금을 사다가 가공하는 업체인 고려아연은 2008년 도부터 금시세가 폭등하자 재고자산가치도 같이 폭등했다.

앞의 표 3-12를 보면 2008년 당시 3,000억 원대의 재고자산이 1년 만에 7,000억 원대로 가치가 훌쩍 뛰어넘게 된다. 이를 볼 때 최대 3,000억 원의 가치가 상승했으리라고 판단된다. 3-13의 국제 금시세를 보면 2008년부터 2011년까지 최대 2.5배가 상승했다. 그 당시 금 가격이 계속 상승하리라고 모두가 생각하던 시기였기 때문에 꿈을 먹고 사는 주가는 금 가격 상승보다 더 많이 올랐다. 금 가격이 2.5배 오르는 사이 고려아연 주가는 12배가 오르는 기적을 보여준다.

만약 금을 사거나 금펀드에 투자했다면 2년간 150%의 수익률을 얻었을 것이다. 고려아연회사는 3,000억 원의 재고차익을 얻었으니 주식 투자자는 최대 1,100%의 수익률을 얻었을 것이다.

금만큼이나 비싼 자재 중에 하나가 철이다. 세계에서 철을 재고로 많이 쌓아두는 기업 중 하나가 포스코(POSCO)다. 만약 철가격이 상승할 기미가 보이면 포스코, 현대제철, 동국제강의 재고자산을 확인해 보자. 원자재를 넉넉히 쌓아 뒀다면 이 기업의 주가는 상승할 여력이 충분하다.

반대로 원자재를 잔뜩 쌓아놓았는데 업황이 부진해지고, 매출이 떨어지는 상황에 원자재 가격도 떨어지면 기업은 매출과 재고자산에서

3-13 | 고려아연 주가차트(위), 국제 금시세(아래)

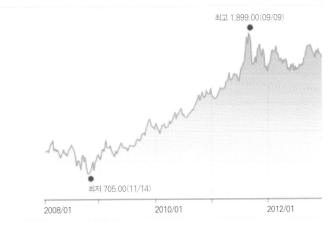

두 번 손해를 겪게 된다. 2016년, 2017년 2년 동안 펄프가격이 50% 넘게 상승하면서 제지업체 주가는 절반 가까이 하락했다. 경쟁이 치열한 탓에 원자재 가격이 상승해도 제품가격에 반영을 제대로 하지 못해서 수익이 악화됐다. 원자재 가격에 민감한 업종으로는 항공, 정유, 화학, 조선, 자동차, 철강, 제지업체들이 있다. 이 업종들의 주가는 원자재가격의 상승, 하락과 운명을 같이하는 경우가 많다.

그래서 가급적이면 업황 사이클을 타지 않고, 꾸준히 매출을 유지하면서 원자재 가격에 큰 영향을 받지 않는 기업이 투자하기에 안정적이다. 대표적으로 롯데제과, 롯데칠성, CJ제일제당, 오뚜기, SPC삼립, 농심 등은 원자재인 밀가루와 설탕가격이 오르면 그냥 제품가격을 올리면 된다. 물가가 올라서 가격을 올렸다는데 누구의 방해도 받지 않고 편하게 올릴 수가 있다. 반대로 밀가루와 설탕가격이 떨어져도 제품가격은 그대로 유지한다. 그러면 그만큼 순이익이 늘어나게 된다. 이렇듯 가격결정권을 가진 기업을 보유하면 이런 원자재 리스크에 큰 신경을 쓰지 않아도 된다.

📊 재무상태표 속에 로또복권이 들어 있다

재무상태표에는 자산과 부채내역이 들어 있다. 기업이라면 당연히 자산을 부풀리고, 부채를 줄여서 공개하고 싶겠지만 기업의 상황에 따라 자산을 줄이고, 부채를 늘려 보이고 싶어 하기도 한다. 그래서 기업들이 애써 감추려고 했던 부분들을 우리가 재무상태표를 분석해서 찾아내고 진주를 발견해야 한다. 간혹 진주를 발견하려다가 암덩어리를 발견하는 경우도 종종 있는데 이런 기업들을 피하고 진주를 찾게 해주는 재무상태표야말로 투자자에게 내비게이션 같은 존재다.

재무상태표를 아주 간단하게 설명하면 기업이 가진 모든 자산을 합친 자산총계에서 모든 부채를 합친 부채총계를 빼면 자본총계(순자산)가 나온다. 순자산으로 기업들 간의 자산을 비교하는 것이 가장 편리하다.

재무상태표가 유일한 자산정보지만 재무상태표에 무한한 신뢰를 가져서는 안 된다. 재무상태표는 당시 그 순간에 대한 자산과 부채의 기록이다. 예를 들어 1년 동안 자산과 부채가 엉망이었다가 사업보고서를 작성하는 순간에만 제 위치에 있어도 투자자들은 정상적인 기업으로 인식할 수가 있다. 그렇기 때문에 특정 해의 재무상태표를 믿지 말고, 반기보고서와 이전년도 사업보고서를 모두 확인해보는 것이 좋다.

실제로 기업을 분석할 때 재무상태표에서 가장 많은 시간이 걸린다. 사업보고서에 나온 자산과 부채에 대한 설명은 개략적이다. 어떤 장비가 얼마인지, 어디에 얼마나 땅이 있고 건물이 있고 주변시세는 얼마인지, 시설의 수명은 얼마나 남았고 몇 년 뒤에 교체가 필요한지, 부채의 종류는 얼마나 있고 이것을 어떻게 갚을 계획인지, 자산을 매각할 예정인지, 가지고 있는 현금으로는 무엇을 할 것인지 등 사업보고서만 가지고는 정확히 파악이 되지 않는다.

그래서 일일이 그 기업이 가진 땅의 지번을 확인하고, 시세를 알아보고, 기업이 가진 부채의 이자가 몇 %인지, 어떤 성격의 부채인지, 단기부채는 이번에 다 갚을 수 있는지 등 중요한 것만 분석하려고 해도 이 분석에 모든 시간을 쓸 수가 없기 때문에 몇 달이 걸린다. 그래도 중요한 작업인지라 투자를 결정하기 전 단계에 반드시 이 과정을 거치고 있다.

그래서 대박 주식들을 찾아낸 경우가 많은데 시가총액은 1,000억 원 수준인데 숨겨진 자산이 부채를 빼고도 거의 1조 원에 육박하는 기업이 있었다. 물론 재무상태표상으로는 자산이 3,000억 원 정도로 나와 있었다. 그렇다고 이 기업이 회계를 조작한 것도 아니다. 그냥 합법적으로 써도 3,000억 원이었고, 실제 시세를 고려하면 1조 원이 된다. 이 기업의 부동산 자산가치를 측정하고, 부채는 거의 없는 기업이라 특별히 조사할 필요는 없었다. 그리고 이 기업에 투자를 해서 200% 가까운 수익을 내고 나왔다. 기다리는 시간이 조금 길었던 탓에 수익률은 연 30% 정도 선이었지만 손해를 보지 않는 투자 원칙에 맞았던 주식이었다.

재무상태표상으로 아무리 저평가인 기업이어도 업황이 좋아져야 주가가 오른다. 주가는 꿈을 먹는다. 아무리 부동산이 많아도 사양산업에 속하면 주가가 많이 오르지 못한다. 사양산업으로 가다가 해외 판로 개척, 부동산 개발, 신사업 추가, 경쟁업체 도산 등의 이벤트가 발생하면 가지고 있던 자산이 제대로 평가받아 주가가 말도 안 되는 수준까지 오르기도 한다. 실제로 한 방직회사의 경우 오랜 기간 주가가 움직이지 않다가 부동산 매각 이슈가 나오면서 주가가 10배 가까이 올랐다. 재무상태표로 가능성이 있는 기업을 미리 리스트에 확보해 두거나 미리 매입해뒀다가 호재가 나왔을 때 큰 수익을 얻을 수가 있다.

결론은 재무상태표 자체가 수익을 주지는 않지만 원금을 잃지 않는 투자를 할 수 있도록 안전장치 역할을 하고, 앞으로 오를 가능성이 있는 주식들을 선별해주는 역할을 한다. 이런 기업이 인생에 있어서 3번만 찾아와도 큰 부자가 될 수 있다. 10배가 3번이면 1,000배가 된다. 1억 원이 1,000억 원이 되는 행운이 나에게도 올 수 있다. 그러기 위해서는 그 기회가 오기 전에 미리 사둘 수 있도록 시간 나는 틈틈이 분석하고 공부하는 수밖에 없다. 하늘은 스스로 노력하는 자를 돕는다.

📈 현금이 많은 기업을 찾아라

어떤 이들은 현금이 많은 것도 적은 것도 모두 좋지 않다고 말하지만 위험이 존재하는 상황에서 현금이 많은 기업은 주가 상승의 가능성을 많이 가지고 있다. 버핏도 기업을 분석할 때 이 기업이 얼마나 현금 또는 현금성 자산을 가지고 있는지를 가장 먼저 확인한다. 세상에 현금을 그대로 보관하고 있는 멍청한 기업은 없다. 적당한 수준의 현금을 제외한 나머지는 충분한 이자를 주거나 수익을 낼 수 있는 사업에 재투자한다. 즉, 현금이 창출되는 기업은 그 현금을 가지고 재투자함으로써 수익을 극대화 할 수 있는 가능성이 존재한다. 반면 현금이 나오지 않는 기업은 재투자할 기회를 잃음으로써 수익이 지속적으로 늘어날 수 있는 기회가 없다.

현금이 많다는 것에도 좋은 의미가 있고, 나쁜 의미가 있다. 영업을 통해 현금이 지속적으로 들어와서 보유한 현금이 넘쳐나는 기업과 알짜 계열사 또는 자산을 매각해서 현금을 얻은 기업은 근본적으로 다르다. 전자의 경우 기존의 영업이익과 현금을 통한 추가수익이 더해지면서 계속 이익이 늘어나는 데 반해, 알짜 계열사 또는 자산을 매각하면 현금은 생겼지만 앞으로 영업이익은 줄어들게 되므로 현금창출 능력이 떨어지게 된다. 간혹 보면 알짜 계열사를 판매해서 그 돈으로 다른 사업에 진출하거나 한 사업에 집중 투자를 하는 경우가 있는데 자기가 잘하던 사업을 팔아 잘 모르는 사업이나 기업에 투자한다는 것이 얼마나 위험한 행동인지는 그간 신문을 보면 누구나 알 수 있을 것이다.

SK텔레콤이 하이닉스를 인수할 때 잘한 점 중 하나는 3.4조 원이라는 거대한 인수비용이 들어갔음에도 불구하고 계열사를 팔아서 돈을 마련하지 않았다는 점이다. 기존의 계열사를 유지하고 매년 현금창출이 지속적으로 되는 상황에서 보유한 현금과 대출을 활용해 하이닉스를 인수함으로써 또 다른 현금창출이 더해졌다는 것이다. 기업은 이렇게 늘어난 현금을 모았다가 기회가 왔을 때 몸집을 불려 나가면서 사업의 규모를 키워야 한다.

그런 의미에서 기업이 현금을 너무 많이 가지고 있다고 뭐라고 할 필요가 없다. 현금을 가지고 있는 것이 오히려 큰 이점이 될 수도 있다. 예를 들어서 IMF 외환위기나 글로벌 금융위기 사태 같은 경우가 우리나라에 또 한 번 닥칠 수도 있다. 그때도 그랬듯 이럴 경우 우리나라의 주식들과 자산이 헐값에 쏟아져 나온다. 말도 안 되는 기업들이 바겐세일로 나오는 시장에서 현금이 없다면 이를 군침만 다시며 지켜볼 수밖에 없다.

2008년 금융위기가 터지자 그동안 현금을 쌓아놓았던 버핏은 드디어 지갑을 열었다. 미국 철도회사 벌링턴 노던(Burlington Northern)을 260억 달러에 사들였고, 미국은행인 골드만삭스(Goldman Sachs)와 뱅크오브아메리카(Bank of America) 주식을 50억 달러에 사들였다. 그 이후로도 굵직한 기업들을 계속 인수했다. 10년이 지난 지금 그 주식들은 꽤 많이 올랐고, 제법 높은 수익을 냈다.

버핏이 좋아할 만한 영업을 통한 현금창출로 현금을 쌓아놓은 기업이 국내에도 많이 있다. 2017년 기준으로 대략 삼성전자가 32조 원, 현대차가 8조 원, SK가 7조 원, 현대중공업이 4조 원, 기아차가 3조 원 정도를 보유하고 있다. 조 단위의 현금을 보유하면 위기가 닥쳐도 그룹을 보호할 수 있는 안전장치가 되고, 알짜 매물이 헐값에 나오면 사들일 수 있는 좋은 기회가 될 수도 있다.

위험한 신호를 찾을 때도 현금 및 현금성 자산을 확인하면 눈치 챌 수가 있다. 업황이 안 좋거나 매출이 부진해서 이익을 내지 못하는 기업이 연평균에 비해 보유현금이 눈에 띄게 줄었다면 기업에 위기가 올 수도 있다는 신호를 보내는 것이다. 기업은 흑자가 나든, 적자가 나든 대출, 사채발행, 유상증자 등 방법과 수단을 모두 동원해서라도 현금성 자산을 쌓아둬야 한다. 그래야 재료를 사서 상품을 만들어 물건을 파는 영업 활동을 유지할 수 있기 때문이다. 만약 현금성 자산이 눈에 띄게 줄었다면 곧 유상증자, 회사채 발행, 워크아웃, 법정관리 등의 악재가 곧 나올 수 있다는 신호이므로 투자에 주의해야 한다.

반대로 특별한 이유 없이 보유현금을 늘리는 기업이 있을 수도 있다. 특별히 쓸 곳도 없는데 대출, 회사채 등으로 보유현금을 늘리거나 비주력 부동산 등을 매각하면서 현금을 모은다는 느낌을 주는 기업들이 있다. 예상할 수 있는 사항이 몇 가지가 있는데 다가오는 부채를 갚으려는 경우, 어떤 위기 징조를 느껴 현금을 보유하는 경우, 대규모 설비 투자를 준비하는 경우, 인수합병을 위한 자금을 마련하는 경우로 볼 수가 있다. 인수를 위해 현금을 모으는 경우가 가장 좋은 소식인데 남들은 아직 이 사실을 모를 때 먼저 알아내서 주가가 오르기 전에 싸게 사들일 수 있는 기회가 된다.

📊 운전자본이 적게 드는 효율적인 기업인지 확인하자

가게를 운영하려면 운영자금이 필요하다. 개인을 상대하는 식당은 파는 즉시 현금을 받거나 카드 계산을 하면 다음 날 통장으로 현금이 입금된다. 그러면 다시 재료를 사고, 직원들 월급을 주고, 월세를 내고 하는 데 큰 지장이 없다. 그런데 인근 공장이나 기업을 상대로 하는 식당을 운영하면 대부분 외상 고객이라 한 달 단위로 돈을 주거나

석 달 단위로 돈을 주기도 한다. 그러면 외상 고객이 돈을 줄 때까지 다시 재료를 사고, 월급 주고, 월세 내고, 공과금 내고, 세금을 내고 하면서 버텨야 한다. 이런 운영자금이 없으면 재료를 사지 못하고, 직원도 못 구하고, 월세를 내지 못해 거리에 나앉아야 한다. 그러면 외상 고객들이 밀린 돈을 주지도 않고 버틴다. 결국 사업을 계속 유지해야지만 외상 고객들로부터 꾸준히 현금을 받을 수가 있고, 외상 대금은 실질적으로는 내가 만질 수가 없는 계속 존재하는 돈이다. 즉, 기업의 가치를 계산할 때 이 비용은 제외해야 한다.

기업에 있어 현금은 피와도 같다. 기업을 운영하려면 최소한의 현금이 필요하다. 물건을 팔아 매출채권이 현금으로 들어올 때까지 계속 재료를 사고, 감가상각비, 인건비, 임대료를 내는 등 기업이 유지되려면 어느 정도 현금이 필요하다. 이를 운전자본이라고 한다. 업종에 따라서 이 운전자본이 많이 필요한 기업이 있고, 운전자본이 적게 필요한 기업도 있다.

버핏은 이 사업을 계속 유지하려면 운전자본이 필요하므로 기업의 가치를 측정할 때 이를 반영해야 한다고 말했다. 사업규모가 비슷한 A라는 기업과 B라는 기업이 있는데 똑같이 현금을 5,000억 원씩 가지고 있다고 해도 A는 운전자본으로 100억 원만 필요하면 현금 4,900억 원을 다른 곳에 투자할 수가 있는 것이고, B는 운전자본으로 4,500억 원이 필요하다면 현금 500억 원만 다른 곳에 투자할 수가 있다. 이럴 경우 A가 남는 현금으로 더 높은 추가수익을 얻을 것이라고 예상할 수가 있다. 당연히 투자자라면 A기업에 투자하게 된다.

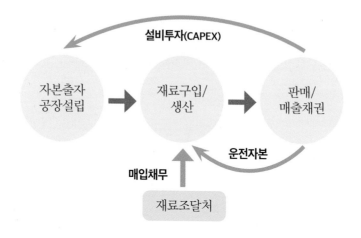

이 공식을 더 간단하게 설명하자면 운전자본이란 '재고자산+매출채권-매입채무'로 볼 수 있다. 재고자산이 있으면 당장 재료구입을 할 돈이 없어도 물건을 팔아 현금을 마련할 수가 있다. 매출채권이 있으면 현금화 하거나 이를 바탕으로 다시 재료를 사고, 물건을 만들 수가 있다. 매입채무가 있으면 거래처에 재료대금을 당장 주지 않아도 되고 외상으로 천천히 줘도 된다. 어차피 나도 외상으로 팔고, 상대도 외상으로 주니 같은 입장인 셈이다.

그럼 이 기업의 운전자본은 얼마라고 단정 지을 수가 있을까? 답은 '단정 지을 수 없다'이다. 운전자본을 구하라고 했더니 운전자본을 단정 지을 수 없다는 말이 황당할 수는 있지만, 그 기업의 운전자본은 얼마라고 단정 지을 방법이 없다. 기업은 계속 매출이 늘거나 줄고,

투자가 불규칙하게 일어나기 때문이다.

　매출이 늘어나면 당연히 더 많은 재료가 필요하고, 더 많은 재고가 나올 수밖에 없다. 당연히 운전자본도 늘어난다. 그러면 기업의 늘어나는 매출을 고려해서 5년 뒤, 10년 뒤에 늘어날 운전자본도 생각해야 한다.

　그러려면 최소 3년에서 5년간 기업의 운전자본을 알아야 한다. 매년 매출이 몇 % 성장하고 운전자본은 매출에서 비중이 얼마나 되는지를 알아야 앞으로의 운전자본도 추정할 수가 있다.

　표 3-15는 연간 매출 3조 원 수준의 국내 A타이어 회사의 3년간 운전자본 평균을 구한 방법이다. 3년간의 평균값을 구했을 때 평균 운전자본은 약 4,582억 원이다. 운전자본을 구하는 간단한 방법 중 하나는 유동자산에서 유동부채를 빼는 것인데 좀 더 정확하게 구하려면 유동자산에서 현금, 단기, 금융자산을 제외한 값에 단기, 장기 차입금을 제외한 유동부채를 빼면 운전자본을 구할 수가 있다. 분석하는 사람에 따라서 운전자본을 구하는 방식은 바뀔 수가 있지만 이 방법을 쓰면 빠르게 구할 수가 있다.

　A타이어는 제조회사다 보니 운전자본으로 4,582억 원이 들어간다. 매출액은 미세하게 감소하는 상황이며, 2017년은 적자, 2016년 영업이익은 1,200억 원 수준이다. 유동자산보다 유동부채가 더 많은 상황이고, 운전자본보다 보유한 현금이 더 적은 상황으로 2015년부터 이미 경영위기에 들어간 상태로 현재는 중국 기업에 매각된 상태다.

　반면에 이 회사보다 매출이 1조 원이나 적은 B식음료회사는 3년간

단위 : 원

번호	구분	2017년	2016년	2015년
	유동자산	1,389,676,437,173	1,557,644,969,248	1,631,507,429,456
	현금 및 현금성 자산	152,031,393,347	163,517,696,507	243,880,729,397
	금융기관 예치금	37,604,856,953	137,675,869,047	173,689,435,325
	매도가능 금융자산	4,480,000	20,725,000	2,400,000
1	매출채권	541,210,044,989	624,899,422,262	590,789,356,685
2	단기대여금 및 기타수취채권	29,129,394,290	20,801,745,396	28,572,376,101
3	재고자산	546,974,201,655	549,115,183,821	543,154,234,215
4	기타유동자산	82,722,075,939	61,614,327,215	51,418,897,733
	유동부채	2,329,945,925,524	2,334,570,027,154	2,262,319,252,731
5	매입채무	353,942,729,417	361,105,860,553	372,063,565,929
	단기차입금	673,485,350,895	836,295,206,307	1,013,095,639,424
	유동성장기차입금	878,286,823,795	750,079,160,558	480,056,541,543
6	기타지급채무	380,212,735,153	322,605,572,273	359,990,567,042
7	기타유동부채	41,266,220,047	34,692,538,047	30,811,772,994
8	당기법인세부채	2,752,066,217	28,982,508,105	6,301,165,799
9	파생상품부채		809,181,311	
운전자본		(1+2+3+4)-(5+6+7+8+9) 유동자산(현금/단기/금융자산 제외) − 유동부채(단기차입/장기차입 제외)		
		421,861,966,039	508,235,018,405	444,767,792,970
3년 평균 운전자본		458,288,259,138		

운전자본 평균값이 460억 원이다. 매출이 1조 원이나 적은데 운전자본은 1/10밖에 들어가지 않으니 효율적으로 기업을 운영할 수 있다. 이 기업이 보유한 순수 현금만 3,200억 원으로 운전자본을 빼고도 2,700억 원가량의 새로운 사업에 투자가 가능하다. 그리고 이 기업의 매출은 매년 4%가량씩 증가하고 있으므로 운전자본도 이에 맞게 증가한다고 보면 5년 뒤의 운전자본은 약 560억 원 정도로 추정할 수 있다.

그래서 실제로 이 기업이 가진 현금을 확인할 때는 현금 및 현금성 자산, 단기 투자 자산을 더한 값에 운전자본, 단기차입금, 유동성 장기부채를 제외하면 이 기업이 가진 현금 가치를 알 수가 있다.

📊 매출채권회전율이 높은 기업을 사라

매출채권이란 거래처와 수시로 거래를 할 때마다 돈을 주고받을 수가 없기 때문에 몇 달에 한 번씩 결제해주기로 하는 매출전표, 어음, 세금계산서, 거래명세서 등 일종의 외상으로 볼 수 있다. 즉, 받을 돈이기는 하지만 아직 현금으로 받지는 못한 것으로 만약 거래처가 부도가 나서 없어지면 받아야 할 돈을 떼이게 되는 것이다.

그래서 이 매출채권이 현금으로 들어오는 기간이 짧을수록 운전자본이 적게 들고, 자본을 더 효율적으로 활용할 수 있는 기업이라고 할 수 있다. 또한 거래처가 부도가 나거나 지급을 못하는 경우도 줄일 수가 있기에 채권회수가 잘되고 있다고 볼 수 있다.

채권회수가 안 될 것 같은 경우 대손충당금을 쌓아야 하는데 돈을 못 받게 된 경우에 쌓는 것이 아니고, 평균적으로 못 받을 확률을 계산해서 미리 자산에 대손충당금을 쌓아두고 손익계산서에 대손상각비를 넣어 판매비와 관리비에서 뺀다.

예를 들어 6개월 채권은 2%, 1년 채권은 5% 이런 식으로 기업 각자가 추산한 대손충당금을 쌓아두고, 채권회수가 완료되면 대손충당금을 감소시키고, 손익계산서에서 대손상각비에 감소시킨다. 기업이 적자가 날 것 같으면 적자를 면하기 위해 대손충당금 설정비중을 낮춰서 어떻게든 영업이익을 높여 보려고 할 수도 있으므로 같은 업종의 다른 기업은 몇 %로 설정했는지 비교해보는 것이 안전하다.

3-16 | 삼성중공업 매출채권과 대손충당금

매출채권(미청구공사)과 미수금

보고기간 말 현재 연결회사의 매출채권 및 미수금의 내역은 다음과 같습니다.

단위 : 천 원

구분	당기			전기		
	매출채권	미청구공사	미수금	매출채권	미청구공사	미수금
일반채권	507,778,841	5,229,459,515	130,139,244	547,500,219	4,291,514,814	32,790,137
차감 : 대손충당금	(94,031,139)	(174,823,239)	(2,643,365)	(128,893,987)	–	(2,142,843)
소계	413,747,702	5,054,636,276	127,495,879	418,606,232	4,291,514,814	30,647,294
차감 : 장기채권	(24,500,208)	–	(415,987)	(67,955,945)	–	(475,293)
유동항목	389,247,494	5,054,636,276	127,079,892	350,650,287	4,291,514,814	30,172,001

3-17 | GS리테일 매출채권과 대손충당금

매출채권 및 기타채권

당기 말과 전기 말 현재 매출채권 및 기타채권의 내역은 다음과 같습니다.

단위 : 백만 원

계정과목	내역	제46(당)기		제45(전)기	
		유동	비유동	유동	비유동
매출채권	매출채권	155,327	–	110,528	–
	대손충당금	(1,474)	–	(1,023)	–
	소계	153,853	–	109,505	–

　　대손충당금 설정비중은 업황이 안 좋은 업종의 경우 높게 쌓고, 업황이 좋은 기업은 낮게 잡는다. 업황이 안 좋은 조선업종 중 삼성중공업은 매출채권 대비 대손충당금 비율이 18.5%(94,031,139÷507,778,841)로 상당히 높은 편이다. 이에 반면 편의점 사업을 하는 GS리테일은 0.09%(1,474÷155,327)로 매우 낮은 편이다.

　　대손충당금 비율이 낮은 업종의 기업에 투자해야 물건은 물건대로 팔고 돈은 돈대로 못 받는 불상사가 생기지 않는다. 보통 대손충당금 비율이 높은 기업은 대손충당금보다 돈을 더 떼이는 이벤트도 종종 발생한다. 실제 예시로 나온 삼성중공업이 대손충당금 비율을 18.5%나 쌓았어도 몇 달 뒤에 또 대형 쇼크가 발생해서 주가가 (–)30%를 기록한 적도 있다.

　　매출채권을 배우면 당연히 매출채권회전율에 관심을 가져야 한다. 매출채권주기가 얼마나 짧은지에 따라 돈이 얼마나 잘 도는 기업인지

단위 : 억 원

구분	GS리테일	삼성중공업	대한항공	셀트리온
매출액	7조 4,020	10조 4,141	11조 7,318	6,705
매출채권(미청구공사)	1,538	5조 4,438	6,071	7,583
매출채권회전율 (매출액/매출채권)	48.1	1.9	19.3	0.88
매출채권회수기간 (365일/회전율)	7.5일	192일	19일	415일

알 수 있다. 보통 돈이 잘 도는 기업치고 망하는 기업은 거의 없다. 돈이 안 도는 기업들에게서 부도가 자주 발생한다. 그렇다면 매출채권회전율은 기업의 상태가 얼마나 나쁜지를 알려주는 지표로도 활용할수가 있다.

표 3-18은 다양한 업종대표기업의 매출채권회전율과 매출채권회수기간이다. 업종에 따라 달라서일 수도 있고, 해당 업종의 업황이 안좋아서 또는 해당 업종에 어떤 문제가 있어서일 수도 있다. GS리테일을 먼저 보자. 매출액 대비 매출채권이 매우 적은 상태로 1년에 매출채권이 48번이나 회전한 것을 알 수 있다. 즉, 판매대금이 7~8일 안으로 들어온다는 뜻이다. 실제로 본사에서 만든 물건이 편의점으로나가면 편의점은 일일정산을 해서 본사로 돈을 보내기 때문에 현금장사에 가까운 매출채권회전율이 나오는 것이다. 업종의 특성상 현금회전이 빠르고, 그만큼 적은 운전자본으로도 기업운영이 가능하므로 기

업이 보유한 현금을 최대한 활용해서 추가수익을 낼 수 있다. 즉, 자본효율이 높은 기업으로 버핏이 좋아할 만한 기업이다.

삼성중공업을 보자. 조선업 업황이 안 좋은 시기라 매출채권보다 심한 것이 미청구공사 대금으로 5조 원이나 된다. 매출액의 절반이 미청구공사로 공정률이 진행되는 만큼 중도금이나 잔금이 들어와야 한다. 그런데 공사는 진행되면서 대금이 들어오지 않으니 현금이 막힐 수밖에 없다. 매우 안 좋은 상황이고, 미청구공사대금 5조 원은 최악의 경우 5조 원 손실로도 이어질 수 있는 만큼 조선, 건설업에서는 예의 주시해야 하는 부분이다.

대한항공을 보자. 매출채권회수기간이 19일이다. 항공사는 보통 개인과 여행사와 거래하는데 개인과 거래를 하면 카드결제의 경우 다음 날 입금이 된다. 여행사와 거래할 경우 월별로 결제를 하기 때문에 총 1~31일 안으로 현금이 들어온다. 그래서 평균일수인 19일이 나온 것으로 추정된다.

셀트리온을 보자. 매출액보다 매출채권이 많다. 특정 해에만 그런 것이 아니라 직전 년에도 매출채권이 매출액보다 많았다. 그럼 제약회사는 원래 매출채권회수기간이 400일이나 될까? 제약업종의 다른 대표기업들의 매출채권회전율을 보자.

녹십자, 대웅제약, 한미약품 하면 제약업종에서 대표적인 기업들이다. 이들의 매출채권회수기간은 69~104일 사이로 약 3개월 정도에 채권회수가 되는 것으로 볼 수 있다. 약국, 병원으로 납품이 되기 때문에 외상결제가 많은 탓으로 보인다. 그러면 셀트리온은 왜 홀로 매

단위 : 억 원

구분	셀트리온	녹십자	대웅제약	한미약품
매출액	6,705	1조 1,979	8,839	8,827
매출채권(미청구공사)	7,583	3,412	1,672	2,527
매출채권회전율 (매출액/매출채권)	0.88	3.51	5.28	3.5
매출채권회수기간 (365일/회전율)	415일	104일	69일	104일

출채권회전율이 4배나 낮게 나타날까? 물건은 나가고 있는데 현금으로는 들어오지 않는 상태라고 볼 수 있다. 거래처가 돈을 주지 않는데도 지속적으로 물건을 납품하고 있는 상황이거나 계열사가 아닌 해외 법인창고에 물량 밀기를 하고 있는 상황일 수도 있다. 이렇게 재무제표상으로 의심이 가는 부분이 나타나면 직접 발품을 뛰며 조사를 해보고 의심을 해소하는 것이 좋다.

결론은 매출채권회전율이 높은 기업일수록 현금이 빠르게 돈다는 의미로 기업이 망할 걱정이 없고, 그만큼 운전자본이 적게 든다는 뜻으로 자본을 효율적으로 잘 활용하는 기업이라고 볼 수 있다.

📊 보유 주식, 유형자산, 부동산에서 산삼을 찾아라

어느 가게가 매물로 나왔는데 가게의 부동산 가치가 5억 원인데 시설, 영업권 포함해서 매물로 총 3억 원에 나왔다면 서로 이 가게를 사려고 할 것이다. 이 가게를 사자마자 팔아도 부동산 가격만 2억 원의 차익을 낼 수 있기 때문이다. 그래서인지 이렇게 가게를 파는 사람은 없다.

그런데 주식 시장에는 이런 기업들이 널려 있다. 이 기업이 가진 건물, 땅, 공장, 장비, 보유 주식 등 유형자산의 가치가 훨씬 비싼데 시가총액은 절반도 안 되는 그런 기업들이 존재한다. 대표적인 기업으로 영풍이 있다. 시가총액이 2018년 1월 기준, 2조 원이 되는 기업인데 이 기업이 보유한 주식과 부동산이 어마어마하다.

영풍이 보유한 다른 주식, 영업권, 설비, 빌딩 2채를 제외한 모든 유무형자산을 0원이라고 가정하고, 표 3-20의 고려아연, 종로 빌딩, 논현동 빌딩, 딱 3가지 가치만 더해도 자산이 3조 2,560억 원이나 된다. 그나마 빌딩 가치는 실제 시세도 아니고 장부가다. 종로구의 빌딩과

3-20 | 영풍 알짜 보유자산

단위 : 억 원

고려아연 (시가총액)	종로 빌딩 (장부가)	논현동 빌딩 (장부가)	자산합계	시가총액	차액
2조 7,920	3,880	760	3조 2,560	1조 9,489	1조 3,071

논현동의 빌딩을 실제로 매각하면 장부가보다 훨씬 높은 가격을 받을 것은 뻔하다. 그럼 아무리 보수적으로 잡아도 시가총액보다 1.5조 원의 자산가치가 더 높은 기업이다. 만약 영풍이라는 기업을 인수만 할 수 있다면 사서 알짜 자산 3개만 팔아도 1조 원이 넘는 돈을 벌 수가 있다. 그 외에 나머지 사업과 유형자산들은 덤으로 얻을 수 있으니 이 주식이 얼마나 저평가 됐는지를 알 수 있다. 그런데 이 기업이 저평가된 것을 모두가 아는데도 지금까지도 저평가로 남겨져 있는 이유는 무엇일까?

문제1. 1주당 가격이 비싸다.

상황1. 100만 원이 넘는 주가는 저평가임에도 저평가처럼 느껴지지 않게 한다. 100만 원이 넘는 주식들은 일반적으로 심리적 부담감을 준다. 그래서 주식을 매수하는 데 한 번 더 고민하게 한다.

해결1. 액면분할을 통해 액면가 5,000원에서 액면가 500원으로 낮추면 주가는 10만 원으로 낮아진다. 주가 부담이 줄고, 거래량이 산술적으로 10배가 늘어나므로 유동성이 활발해져 주가 상승의 가능성이 있다.

문제2. 3년 연속 적자기업.

상황2. 2014년~2016년 연속 영업이익 적자로 기업 자체가 벌어오는 이익이 없다. 주로 사양산업 업종 계열사를 많이 보유하

고 있고, 고려아연에 대한 비중이 절대적이다. 물론 지분법
이익으로 인해 당기순이익은 매년 1,000억 원가량의 흑자를
내고 있다. 자산이 많은 저평가 주식이라도 주가가 제 가치
를 받으려면 우수한 현금창출능력을 보여줘야 한다.

해결2. 계열사인 전자, 반도체, 제련 부분에서 성장을 통해 이익을
내거나 인수를 통해 이익이 나는 회사로 변신해야 한다. 반
대로 전자, 반도체 부분을 과감히 매각하거나 정리해서 적자
를 없애고, 현금을 보유하는 편이 낫다.

문제3. 자산재평가 가능성이 없다.

상황3. 알짜 자산은 고려아연 주식과 빌딩 2채다. 문제는 고려아연
을 매물로 내놓아도 시세 이상의 프리미엄을 받기 어렵고,
빌딩 또한 그룹의 상징성이 있는 건물로 팔기 어려우며 기대
이상의 시세차익을 기대할 수 없다. 보통 땅이 많은 기업들
은 자체 도시개발사업 진행 등으로 초과수익을 기대할 수 있
으나 현재 자산들은 배당, 임대수익 외에 큰 기대를 걸 수가
없다.

해결3. 회사 빌딩 2채 중 한 개를 처분하고, 이 돈으로 현금창출 가
능한 계열사를 하나 더 추가하는 것이 좋다.

저평가 된 주식이라고 언젠가 오른다는 생각은 버리는 것이 좋다. 가
진 자산이 제대로 평가 받으려면 해당기업이 성장성을 보여줘야 한다.

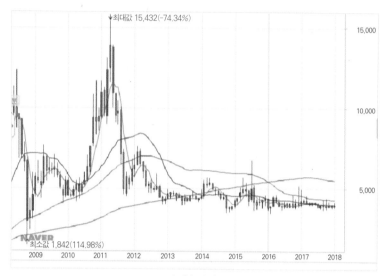

유니온 주가

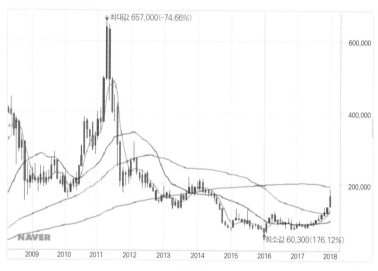

OCI 주가

적자기업에서 흑자로, 흑자에서 이익 증가로 변신하는 모습을 보여 주거나, 보유한 자산을 매각해서 성장성 있는 기업으로 탈바꿈하려는 노력을 보이거나, 부동산 개발 등으로 큰 이익이 예상되는 등의 노력이 병행돼야 한다.

그런 의미에서 영풍은 오랫동안 저평가 상태로 남아 있는 것이 아닌가 싶다. 물론 절대적 지분을 차지하는 고려아연의 주가와 연동되고 있다. 비슷한 사례로는 OCI의 주가에 큰 영향을 받고 있는 유니온이 있다.

3-21 주가차트를 보면 10년간 유니온과 OCI의 주가흐름인데 거의 똑같은 모습이다. 시가총액 600억 원 정도의 회사가 800억 원가량의 OCI 주식을 가지고 있다. 그 외에 보유한 땅의 가치까지 더하면 1,000억 원의 가치가 있는 기업이다. 문제는 영풍과 마찬가지로 본래의 사업에서 나오는 수익이 적다는 점이다. 그래서 OCI 주가가 오르고 내리는 것에 유니온의 주가도 같은 그림을 그리고 있다. 최근에 OCI 주식을 300억 원가량 매도를 했는데 이 자금을 가지고 어떤 변화

3-22 | 순현금 비중 높은 자산주, 2017년

단위 : 억 원

종목	시가총액	순현금	시총 대비 비중	PBR
신도리코	5,413	5,253	97.0%	0.6
동일산업	1,783	1,632	91.5%	0.4
삼정펄프	1,182	985	83.2%	0.6
대원산업	1,492	912	62.5%	0.6
LF	8,202	4,449	54.2%	0.8

를 줄 것으로 보인다. 그러면 유니온의 주가가 OCI와 연동되지 않고 다른 행보를 보일 수가 있을 것이다.

앞의 표 3-22는 순현금 비중이 높은 자산주 순위를 나타낸 것이다. 이런 기업들은 버핏의 스승인 그레이엄이 가장 좋아할 만한 기업들이다. 현금이라는 안전마진을 갖고 있기 때문인데 신도리코, 동일산업은 시가총액에 준하는 현금을 보유하고 있고, 여기에 부동산 등의 자산들까지 더하면 기업의 자산가치가 시가총액을 훌쩍 뛰어넘는다.

표 3-23은 투자 부동산 비중이 높은 자산주 리스트다. 기업이 가진 부동산은 사업을 하기 위한 부동산과 투자를 위해 사놓은 부동산으로 나뉘는데, 아무리 알짜 땅을 가지고 있어도 사업을 계속하려면 그 땅을 팔아 현금으로 만들기가 어렵다. 그런데 투자 부동산은 언제든지 팔아 현금으로 바꿀 수가 있어 현금성 자산에 좀 더 가깝다고 볼 수 있다.

한 가지 더, 장부가에 있는 부동산 가치와 실제 시세는 다르다. 이 기업들이 가진 투자 부동산의 시세가 얼마나 되는지 확인해서 이 기

3-23 | 투자 부동산 비중 높은 자산주, 2017년

단위 : 억 원

종목	시가총액	투자 부동산	시총 대비 비중	PBR
세아홀딩스	6,120	2,001	32.7%	0.36
다우기술	9,601	3,046	31.8%	1.03
신세계	2조 3,087	6,181	26.8%	0.74
대림산업	3조 1,250	8,267	26.5%	0.78
영풍	1조 9,231	4,724	24.6%	0.70

업의 실제 자산가치를 재평가하면 남들이 모르는 알짜 자산주를 헐값에 살 수 있다. 내가 투자에서 성공한 방법 중 하나가 이 방법이다. 단순히 PBR에 의존하지 말고, 직접 투자 부동산의 시세를 계산해보자.

📈 투자, 개발비가 과도하게 들어가는 기업을 찾아라

여기서 주의해야 하는 것은 매년 투자비, 개발비가 들어가는 기업을 말하는 것이 아니다. 굳이 투자를 하지 않아도 지속적으로 이익을 낼 수 있지만 투자를 하면 더 많은 이익을 지속적으로 창출 가능한 투자를 말한다. 예를 들어 반도체, 스마트폰의 경우 꾸준히 투자를 하지 않으면 경쟁사에 기술을 따라잡혀 더 이상 수익을 낼 수가 없어진다. 이런 경우는 시설, 기술 투자비라고 볼 수 없고, 운전자본으로 포함하는 것이 맞을 것이다.

정유회사는 한번 설비장치만 잘 만들어 놓고 주기적으로 유지보수만 해주면 계속 현금이 들어오는 사업이다. 유가가 높으면 비싸게 팔아서 버티고, 유가가 낮으면 수익을 내는 단순한 사업이다. 창고에 불이 나지만 않는다면 큰 리스크가 없는 사업인데, 화재보험에 가입하면 되니 실제로는 리스크가 거의 없는 사업 중 하나다. 그래서 개인적으로 좋아하는 업종 중 하나인데 그 중에서 S-Oil을 제일 좋아한다. S-Oil을 기준으로 투자, 개발비가 과도하게 들어가면 어떤 일이 벌어지는지 예상해보자.

주가가 최저점을 찍고 난 2015년에 S-Oil은 대규모 투자를 실시한다. 정유사업은 원유를 사와 정제를 해서 고부가가치 상품인 휘발유, PP, PO를 만들어 파는 사업이다. 고부가가치 상품을 정제하고 나면 저부가가치 상품인 중유가 남는데 고도화 설비 투자를 하면 같은 양의 원유를 정제해도 고부가가치 상품이 더 많이 나오고, 저부가가치 상품은 덜 나오게 된다. 즉, 마진이 획기적으로 올라가게 된다. 어차피 계속 정유사업을 지속할 것이라면 고도화 설비에 투자를 해서 마진을 최대로 높이는 것이 좋다.

그런데 이 설비 투자 비용이 어마어마하다는 것이 단점이다. 2015년부터 2018년 상반기까지 고도화 설비 투자를 하는 데 약 5조 원이 들

3-24 | S-Oil 주가차트

단위 : 억 원

	2013년	2014년	2015년	2016년	2017년
영업 활동 현금흐름	7,931	8,792	24,756	17,220	11,433
투자 활동 현금흐름	-955	-9,642	-28,019	-19,669	-8,322
재무 활동 현금흐름	-5,474	2,119	-1,841	8,111	-5,983
CAPEX(유형자산취득)	4,462	9,123	6,544	10,636	24,141

어갔다. 당시 S-Oil 시가총액이 6조 원 정도이고, 당시 자본이 5조 원 정도 됐는데 5조 원이 들어가는 사업이라면 기업의 운명을 거는 초대형 투자로 볼 수 있다.

그 결과 2015년부터 영업 활동으로 들어오는 현금 이상으로 투자 활동에 엄청난 현금을 투자하기 시작했다. 부족한 자금을 채우기 위해 부채도 1조 원이 넘게 생겼다. 그래서 2015년부터 2017년까지 유형자산 취득에 4조 원 이상을 썼고, 올해부터 생산이 시작되면서 하반기부터 실적에 반영될 예정이다.

그동안 유가하락으로 매출액이 20억 원을 밑돌았으나 유가가 계속

3-26 | 정유업계 고도화비율, 2017년 기준

현대오일뱅크	GS칼텍스	SK이노베이션	S-Oil
39.1%	34.9%	23.7%	22.1%

상승 중인 요즘, 예전 유가를 회복한다면 이전 매출 30조 원을 거뜬히 넘을 것으로 보인다. 신기한 것 중 하나는 고도화 설비 투자를 시작할 무렵 전에는 업황이 안 좋아서 적자, 매출감소, 이익감소로 전망이 불투명했는데, 고도화 설비가 마무리 돼가는 이 시점에는 매출, 영업이익, 순이익이 늘어나고 유가도 오르고 있다. 게다가 고도화 설비가 완료되면 마진율이 더욱 좋아질 것으로 보이는데, 2016년에 매출 대비 영업이익이 10%인 것을 고려하면, 2019년부터는 영업이익이 2~3조 원가량으로 예상되고, 순이익도 2조 원가량 될 것으로 예상된다.

그러면 현 시가총액 대비 순이익을 비교해보면 PER 6인 상태여서 상당히 저평가로 볼 수 있다. 게다가 평균 50%가 넘는 배당성향을 볼 때 배당금만 주당 10,000원 이상으로 현 주가 11만 원 대비 시가배당률이 9% 정도 예상된다. 저평가에 고배당인 주식에 매출, 영업이익, 당기순이익이 증가하면 꿈을 먹는 주가는 더 높게 올라갈 것이 뻔하다.

그런데 이렇게 고도화 설비가 끝나면 주가가 끝날 것이라 예상을 하는 이유는 그동안 그래왔기 때문이다. SK에너지가 예전에 고도화 설비를 마치고 나서 유가호황이 왔을 때 큰 수익을 봤고, LG디스플레이도 대규모 설비 투자가 완료된 시점부터 당기순이익이 2배 이상 올랐다. 즉, 고도화 설비는 기업의 이익을 한 단계 더 늘려주는 셈이다. 제일 나쁜 경우는 고도화 설비를 통해 쉽게 이익 상승을 할 수 있는 기업이 본래의 사업에 대한 투자는 게을리하고, 엉뚱한 사업에 진출하거나 다른 업종의 기업을 M&A하는 데 현금을 써버리는 것이다. 자신이 잘 아는 업종에서 추가 투자를 하는 것이 훨씬 안전한 사업으로 볼 수 있다.

GS 주가(2014년~2017년)

LG디스플레이 주가(2015년~2017년)

📊 감가상각을 과도하게 하는 기업을 찾아라

기업은 설비 투자를 한 이후에는 설비에 대한 내용연수가 있기 때문에 오랜 기간 감가상각을 통해 투자비를 떨어뜨린다. 문제는 내용연수를 결정하는 것은 기업의 자율이기 때문에 5년으로 나누느냐 10년으로 나누느냐에 따라 영업이익이 크게 바뀌게 된다. 문제는 이 감가상각비에 따라서 주가가 크게 흔들리는데 감가상각비에 대해 살펴보지 않으면 대중들과 같이 휘둘려서 알짜 기업을 놓치게 될 수도 있다.

반대로 경영자 입장에서는 상속이나 적대적 M&A로부터 방어를 하고 싶을 경우 내용연수를 짧게 잡고 감가상각비를 늘려 영업이익이 적게 나는 것처럼 보일 수가 있다. 반대로 기업의 실적을 끌어올리고 싶다면 감가상각비를 낮춰서 이익이 많이 나는 것처럼 보일 수도 있다.

그럼 우리가 투자해야 할 기업은 과도하게 감가상각비를 책정해서 당장은 영업이익을 저해하지만, 감가상각이 완료된 이후 영업이익이 치솟을 수 있는 기업을 찾아내는 것이 중요하다.

강의할 때 3-28의 휴온스글로벌 차트를 보여주면 땅을 치고 후회하는 사람들이 많다. 5년 만에 20배가 올랐으니 이 좋은 주식을 왜 이제야 알았을까 하면서 배우려는 의지보다 후회하는 모습이 많이 보여 교육목적에 저해될까봐 잘 안 알려주는 종목인데, 예시로는 제일 적합한 종목이라 이번에 소개한다.

휴온스글로벌은 2008년부터 2014년까지 매출을 보면 단 한 번도 멈추거나 떨어진 적 없이 계속 우상향했다. 6년 만에 매출은 2.5배가

됐고, 영업이익, 당기순이익도 2배가 넘었다. 그럼 주가도 2배가 됐을까? 주가는 30배가 됐다. 주식 투자는 이렇게 단순하다. 매출과 이익이 꾸준히 증가하는 기업을 사면 된다. 그런데 더 다이내믹한 대박을 찾다가 이렇게 좋은 기회를 많이 놓치곤 한다.

이 주식을 싸게 살 수 있는 기회가 2010년~2011년에 있었다. 2008년 서브프라임 이후 주가는 1년 만에 3배가 올랐다. 매출과 이익이 안정적으로 상승하는 기업이었으므로 충분히 주가도 우상향할 것으로 모두가 예상하고 있었다. 그런데 1년 만에 3배나 오른 주식을 사기는 쉽지가 않다. 그러다가 주가가 다시 흘러 내려서 한동안 5,000원을 유지했다.

단위 : 억 원

구분	2008년	2009년	2010년 (과다한 감가상각)	2011년	2012년	2013년	2014년
매출	744	809	1,009	1,131	1,341	1,582	1,823
영업이익	143	71	156	79	148	279	301
당기순이익	122	70	-24	48	72	228	245
감가상각비	13	45	136	89	85	84	103

그 이유가 감가상각비를 과도하게 잡아서 순이익이 적자가 난 것이다. 매출과 이익이 꾸준히 오르는 기업이 적자를 기록했으니 주가가 방황하는 것은 당연한 일이었다. 그런데 이때 '아! 적자가 났으니 매출과 이익이 꾸준한 회사가 아니구나. 던져야겠다'라고 생각한 사람과 '왜 적자가 났지? 분석을 해볼까?'라고 생각하는 사람의 운명이 갈리게된 것이다. 적자 이유를 분석해보니 감가상각비가 작년보다 3배나 늘어난 탓이었다. 이를 작년 수준으로 반영하면 매출과 영업이익은 늘었고, 순이익은 작년과 같았다. 즉, 주가가 떨어질 이유가 없었다.

그럼에도 불구하고 주가는 하락해서 근 1년 동안 바겐세일 기간을 제공했다. 이때 황금열차에 올라탄 사람들은 1년마다 주가가 2배로 오르는 천국을 맛봤다. 여기서 중요한 것은 적자가 난 기업의 경우 왜 적자가 났는지, 성장에 전혀 지장을 주지 않는 이유는 아닌지를 확인해봐야 한다. 남들도 다 팔고 나가는 이유가 있겠거니 하면서 지나치면 남들과 똑같은 수익률을 낼 수밖에 없다. 그리고 하나 더 중요한 사실은 매출과 이익이 꾸준히 늘어나는 기업이 잠시 실적이 정체됐을 때가 그 주식을 사야 하는 타이밍이라는 것이다. 5년, 10년 꾸준히 매출과 이익이 증가하는 기업의 저력은 대단하다. 잠시 어려운 일을 겪더라도 금방 회복해서 다시 성장을 견인해갈 것이기 때문이다. 그런 의미로 본다면 버핏의 주식 중 요새 방황하고 있는 코카콜라 주식도 매입해볼 만한 타이밍이다. 웰빙 바람이 불면서 콜라에 대한 수요가 떨어질 것이라고 예상하지만 내 생각은 다르다. 맥도날드와 피자헛이 있는 한, 햄버거와 피자라는 음식을 사람들이 싫어하는 일이 벌어지지 않는 한 콜라의 수요는 계속 늘어날 것이기 때문이다.

4장

적정주가 계산과
필승 투자 방법

📈 현금흐름할인방법을 이해하자

버핏이 기업을 분석하는 핵심은 손익계산서가 아니라 현금흐름표다. 현금흐름을 중심으로 분석해서 얼마나 현금이 많이 들어오고 늘어나는지가 핵심이다. 그래서 기본적인 현금흐름할인방법(DCF)을 이해해야 한다. 버핏이 주주들에게 쓴 편지에도 나와 있지만 버핏은 현금흐름할인방법을 그대로 쓰지 않는다. 그만의 방법이 있는데 절대 공개하지 않고 있다. 그 이유가 무엇인가 하니 '그때그때 다르다'라는 이유를 들었다. 그래도 우리는 투자 철학의 기본이 되는 현금흐름할인방법을 이해하고, 이후에 더 응용해보도록 하자.

현금흐름할인방법이란 기업의 현금흐름을 현재가치로 할인하고 더한 값을 구하는 것이다. 미래의 100원보다는 지금의 100원이 더 비싸다는 인식이 이 개념의 핵심이다. 즉, 5년 뒤의 100원은 지금의 얼마인지를 구해서 더하는 것이 현금흐름할인방법이다.

현금흐름에도 여러 종류가 있는데 버핏이 말하는 현금흐름은 잉여현금흐름이다. 잉여현금흐름이란 영업이익에서 사업을 운영하는 데 필요한 자금을 빼고도 남은 돈을 말한다. 영업이익은 세전이 아닌 세후로 해서 계산해야 한다.

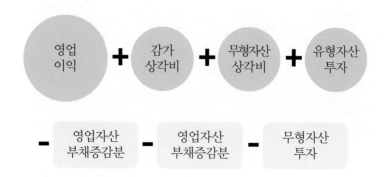

4-1처럼 구한 잉여현금흐름에 우리는 계산을 하나 더 해야 한다. 기회비용이다. A를 선택하면서 B를 포기해야 하는 비용을 기회비용이라고 한다. 100억 원을 가지고 A라는 사업에 투자해서 3억 원을 벌 수도 있고, B라는 사업을 통해서 5억 원을 벌 수도 있다. A를 택하든 B를 택하든 선택하지 못한 것을 포기해야 하는 비용이다. A를 택하면 5억 원이 기회비용이 되고, B를 택하면 3억 원이 기회비용이 된다. 물론 정상적인 사고를 가진 경영자라면 B를 택할 것이고, 3억 원이 기회비용이 된다. 이 기회비용을 기업에서는 가중평균자본비용(WACC)을 사용한다. 구하는 방법은 아래와 같은데 그냥 이렇게 구한다고만 알고 있자. 구한 값은 HTS를 활용하면 된다.

가중평균자본비용 = 자본비용×자본비율+부채비용×부채비율

$$현금흐름\ 할인방법\ 기업가치 = \frac{1년\ 후\ 잉여현금흐름}{(1+가중평균자본비용)} + \frac{2년\ 후\ 잉여현금흐름}{(1+가중평균자본비용)^2} + \cdots$$

4-2의 공식이 어려운 사람들에게 가장 쉽게 설명하면 다음과 같다. 한 기업의 이익이 연 20%씩 증가해서 올해는 100억 원, 내년에는 120억 원, 내후년은 144억 원을 벌어들인다고 하자. 그러면 이 기업이 3년 뒤에 얻을 이익은 173억 원이 된다. 그런데 문제는 3년 뒤의 173억 원은 지금의 173억 원이 아니다. 이 값들을 지금의 현금으로는 얼마인지를 역추산해보는 것이다. 이게 현금흐름할인방법이다. 그냥 쉽게 생각하고, 4-2공식은 외우도록 하자.

📈 모든 기업의 재무제표를 볼 필요는 없다

재무제표를 가장 잘 아는 사람은 회계사들일 것이다. 그럼 반대로 물어보자. 회계사들이 주식을 제일 잘하는 집단이라고 할 수 있을까? 그건 또 아니다. IQ가 높다고 주식을 잘하는 것도 아니고, 분석을 많이 한다고 주식을 잘하는 것도 아니다. 주식을 잘하는 비법은 무엇일까?

학창시절 시험기간이 되면 잠도 안 자고 항상 열심히 공부하는 친구들을 보면 대개 성적이 안 좋다. 그런데 평소에는 놀다가 시험기간에 잠깐 공부하고 높은 성적을 받는 친구들을 본 적 있을 것이다. 이런 친구들이 성적이 좋은 이유는 시험에 나올 것만 공부하는 기술을 갖고 있기 때문이다.

모든 기업의 재무제표를 다 분석한다고 주식을 잘하는 것이 아니다. 오를 것 같은 주식들의 재무제표만 확인해야 투자하는 시간 대비 높은 투자 수익률을 기록할 수 있다. 더구나 직장인들은 시간이 없다. 정상적으로 일찍 퇴근할 수 있는 날도 거의 없으려니와 퇴근해서도 가사분담, 자녀양육 등 해야 할 일이 많다. 효율적으로 시간을 투자해야 부자가 돼도 여유 있는 생활을 할 수가 있다.

어떤 기업의 재무제표를 봐야 하는지는 잠시 뒤에 설명하기로 하고, 안 봐도 될 재무제표를 간단하게 말하겠다. 앞서 말했듯 매출이 적은 소형기업에는 관심도 주지 말자. 또한 어느 정도 시스템을 갖추고, 안정적인 장사를 하는 중견기업 이상으로 눈을 돌리자. 그러면 시간 대비 투자 효율을 높일 수가 있다.

적자가 연속인 기업은 버리자. 아무리 훌륭한 기업도 일시적으로 적자가 올 수 있다. 꾸준히 이익을 내는 기업이라는 관점에서 이는 옐로카드감이지만, 반대로 말하면 꾸준히 이익을 내는 기업을 가장 싸게 살 수 있는 순간이기도 하다. 어느 야구 구단이 있는데 이 팀이 참 잘하는 것 중 하나는 잘 뛰다가 어느 날 부상으로 기량이 급감한 선수를 데리고 와서 재활을 시켜 팀의 에이스로 활용하는 것이다. 이 선수가 다른 팀에서 한창 잘할 때 데려오려면 많은 돈을 줘야 하지만, 부상으로 일시적인 기량 저하를 보일 때 데려와서 잘 활용하는 이 구단을 보면서 여기 구단주가 주식을 하면 정말 잘하겠다는 생각이 들었다.

하지만 기량이 몇 년째 회복되지 않는 선수는 정말 선수 생명이 끝났을 확률이 높다. 기업도 몇 년째 적자를 내고 있다는 것은 해당 사업 자체가 침몰하고 있거나 그 기업이 경쟁력을 잃었다는 뜻이다. 굳이 재무제표를 분석하며 아까운 시간을 버리지 말고, 그 시간에 헬스나 한 번 더 하는 것이 이득일 것이다.

매출과 이익이 줄고 있는 기업은 굳이 안 살펴보는 것이 낫다. 우리가 찾는 기업은 매출과 이익이 나는 기업이다. 굳이 아닌 기업에 아까운 시간을 낭비하지 말자. 약간 애매한 경우가 매출은 계속 늘어나는데 이익은 그렇지 않은 경우다. 이런 기업에서 간혹 진주를 발견할 수 있으니 이익이 불특정한 이유를 찾아보자. 현금흐름표와 대조해보면 숨은 진주를 찾을 수가 있다.

경영자가 주가에 관심이 많거나 인수합병을 자주 하거나, 유상증자를 몇 번 하거나, 불성시공시를 내는 등 도덕적으로 의심이 가는 사람이면 그 기업이 괜찮아 보여도 지나치도록 하자. 아무리 오래된 역사적으로 가치 있는 도자기라고 하더라도 그것이 가짜라면 전혀 소용없는 일이기 때문이다.

주가가 한창 많이 오른 주식은 굳이 분석할 이유가 없다. 우리가 필요한 것은 좋은 기업을 싸게 사는 것이다. 좋은 주식도 비싸게 사면 이익을 낼 수가 없다. 단기간에 과도하게 오르는 주식은 반드시 하락이 온다. 남들이 아직 관심을 가지지 않은 주식을 먼저 사서 기다리자.

모두가 오를 것이라고 확신하는 업종이나 종목이 있다면 재무제표를 볼 필요도 없이 당장 팔아라. 내 주식이 오르려면 안티였거나 망설이던 사람들이 비싼 값을 지불하고 내 주식을 사줘야 한다. 그런데 모두가 오를 것이라고 생각하는 주식은 이미 살 사람은 다 샀다는 것이다. 아무리 좋은 주식이어도 모두가 오를 것이라고 확신한다면 그때가 최상의 매도 타이밍이다.

숫자로 장난치는 기업은 쳐다보지 마라. 적자를 면하기 위해 영업이익이나 순이익을 1억 원으로 표시한 기업들은 실제로는 적자다. 투자자를 꾀기 위해, 상장폐지를 막기 위해 모든 회계수치를 무리해서 영혼까지 끌어모은 것이라고 생각하자. 장난친 숫자들을 보면서 진위를 파악하는 데 시간을 보낼 이유가 없다.

📈 워렌 버핏의 필승 투자 3가지 방법

1) 인플레이션보다 더 높은 성장을 하는 기업

모든 투자는 인플레이션과의 싸움이다. 월급도 오르고, 제품가격도 오르고, 부동산도 오르고, 주식도 오른다. 문제는 일반적인 물가상승률보다 내 수익률이 더 높아야 투자라고 할 수 있다. 연 3%의 수익률을 올렸는데 물가도 3%가 올랐다면 나는 수익을 낸 것이 아니다. 그냥 가치하락을 막은 것뿐이다. 개인적으로 예금을 싫어하는 이유는 예금이율이 물가상승률보다 낮기 때문이다. 예금에 돈을 넣으면 미세하게 내 돈이 녹아내리는 것과 같다.

그래서 우리는 고수익을 찾아 돈을 불리려고 한다. 그러나 고수익에는 반드시 고위험이 따른다. 버핏도 이 점 때문에 주식 시장에서 고수익보다는 위험을 낮추는 데 더 신경을 썼다. 주식 시장 자체가 고수익을 안겨주는 시장이기 때문에 위험을 낮추는 데만 신경을 쓰면 장기적으로 높은 수익률을 올릴 수 있다고 계산한 것이다.

그런 의미에서 우리가 투자한 기업은 물가가 상승하는 수준보다 더 높은 수준으로 제품가격을 올릴 수 있는 힘이 있어야 한다. 물가가 오르는데 거래처 눈치를 보느라 제품가격을 올리지 못하면 그 기업은 실제적으로는 손실을 본 것이다. 나와 버핏이 제일 좋아하는 기업은 예를 들어 물가상승률은 3%인데, 제품가격을 5% 이상 올릴 수 있는 기업이다.

인플레이션에 영향을 주는 경제상황도 고려해야 한다. 환율, 유가, 금리 이 3가지가 세계경제흐름에 변화를 주는 가장 큰 요소들이다. 이 3가지가 어떤 조합을 갖추느냐에 따라서 인플레이션 속도가 빨라지기도 하고 느려지기도 한다. 여기에 각국의 재정정책이 변수로 등장한다. 예를 들어 만성적자를 보는 나라가 이제 재정흑자 기조로 정책을 틀면 이 영향을 받는 국가들의 재정이 적자로 돌아설 수도 있다. 누군가가 흑자라면 누군가가 적자를 봐야 하는 것이 무역인데, 그동안은 미국이 무역적자를 유지하면서 다른 나라들을 흑자로 만들어줬다. 그러나 트럼프(Trump) 대통령의 취임 이후 미국의 무역적자 기조가 바뀌고 있는 중이다. 유가는 상승하고, 달러는 약세를 지속하고 있다. 이에 따라 중국, 일본, 한국도 영향을 받을 것이다. 어떤 업종이 유리해지고, 어떤 기업이 불리해지는지 빠르게 파악하고 대처해야 한다.

인플레이션 속에서 제품을 만들기 위해 필요한 재료의 가격도 상승한다. 공장을 짓기 위한 부지 가격도 오르고, 직원들 월급도 오른다. 사업을 지속하는 데 필요한 운전자본이 지속적으로 상승하게 되는 것이다. 그래서 이익 대비 운전자본이 작은 기업과 큰 기업의 차이가 시간이 지날수록 커지게 된다. 가급적 운전자본이 작아 인플레이션 속에서도 커지는 운전자본 비용이 최소화 돼야 하고, 가격결정력을 갖고 있어서 이익은 그 이상으로 늘려갈 수 있는 기업이어야 한다.

그래서 반도체, 디스플레이, 조선, 자동차, 화학 등의 운전자본이 큰 장치산업들은 시간이 지날수록 눈덩이처럼 커지는 운전자본 때문에 이익이 발목 잡힌다. 그래서 커지는 운전자본의 부담을 줄이기 위

4-3 | 인플레이션이 운전자본에 미치는 영향

(가정 : 물가상승률 연 10%, 운전자본만 증가, 5년 뒤 현금흐름)

사례	현재	5년 후
A	영업이익 100억 원 – 운전자본 5억 원 = 현금흐름 95억 원	영업이익 100억 원 – 운전자본 8억 원 = 현금흐름 92억 원
B	영업이익 100억 원 – 운전자본 50억 원 = 현금흐름 50억 원	영업이익 100억 원 – 운전자본 80억 원 = 현금흐름 20억 원

해 인건비와 부동산이 저렴한 해외로 공장을 이전하고, 원가를 절감하려는 노력을 하는 것이다.

또한 이 인플레이션 때문에 기업은 끊임없이 성장을 해야 한다. 성장하지 못하고 그대로 정체돼 있으면 인플레이션 때문에 서서히 죽어가는 기업이 된다. 계속 자본을 효율적으로 활용하면서 높은 ROE를 유지하는 기업이야말로 인플레이션에서 잘 살아남고 있는 기업이라고 볼 수 있다.

2) 진입장벽이 높은 기업

쇼트트랙 경기에서 안톤 오노(Anton Ohno)의 반칙에 금메달을 빼앗긴 김동성 선수는 그다음 경기에 이를 갈고 출전했다. 다시 결승에서 오노를 만난 김동성 선수는 오노가 반칙을 쓸 수 없을 정도로 강력한 진입장벽을 쳤다. 1등으로 뛰어나가 다른 선수들보다 한 바퀴 더 빨리 도는 것이었다. 1등이 2등보다 한 바퀴나 더 빨리 도는 모습에 시청자, 관중, 해설자 모두 얼이 나갔다. 1등과 2등 사이의 실력이 엄청난 격차가 있음을 느낄 수 있었다.

기업도 마찬가지다. 강력한 진입장벽을 쳐서 경쟁자가 나를 뛰어넘을 수가 없고, 새로운 경쟁자가 등장하지 못하게 해야 지속적으로 이익을 독점해 나갈 수가 있다. 그리고 우리는 경쟁자들이 따라잡을 수 없는 기업에 투자해야 오랫동안 높은 수익을 올릴 수가 있다.

관광지에 놀러 가면 맛집은 사람들이 줄을 길게 서 있고, 같은 메뉴를 파는 옆 가게들은 사람이 없이 휑한 모습을 본 적 있을 것이다. 만

약 사람들이 길게 줄 선 이 맛집을 인수하려면 얼마나 많은 권리금을 줘야 할까? 가게의 보증금, 시설비는 다른 가게와 비슷한 수준이지만, 보이지 않는 영업권(권리금)이 존재할 것이다. 그런데 이 영업권을 회계상 숫자로 표시하기가 쉽지가 않다. 그래서 재무제표에 표시된 영업권에 대한 금액이 진짜일 리 없다고 생각한다. 스타벅스 커피가 다른 커피보다 더 비싼데도 사람들이 스타벅스 커피를 사먹는 것이 이 기업이 가진 브랜드 가치라고 볼 수 있다. 그리고 이것을 정확히 측정할 방법도 없다. 어쨌든 이런 진입장벽이 높은 기업은 다시 아래처럼 나눌 수 있다.

- **시장점유율 독점기업**(강력한 브랜드)
- **정부 독점기업**
- **가격경쟁력을 가진 기업**

강력한 브랜드는 엄청난 고객충성도를 가지고 있다. 가격이 비싸도 이 브랜드만 사는 마법을 부리는데, 이 브랜드의 가치를 회계상으로는 제대로 담아내지 못한다. 그나마 믿을 만한 수치는 세계의 100대 브랜드 가치를 매년 선정하는 인터브랜드의 조사인데 회계상의 영업권 가치와 많은 차이가 나는 것을 알 수 있다. 삼성전자만 해도 회계상 가치와 45배나 차이가 난다.

강력한 브랜드는 가격에서 자유롭기 때문에 높은 마진을 낼 수가 있다. 남대문 시장의 1만 원짜리 가방과 백화점의 200만 원짜리 명품가방의 원재료 가격은 그리 차이가 나지 않을 것이다. 하지만 명품가방은 한 개를 팔아도 엄청난 마진을 내기 때문에 적은 자본으로도 높은 이익을 낼 수 있다.

브랜드 가치는 시장점유율과도 비례한다. 독점적인 시장점유율을 가진 기업이 할 수 있는 장점은 다른 기업의 눈치를 보지 않고 가격을 올릴 수 있는 권리를 가진다는 것이다. 라면, 과자, 음료, 제분업계 1위 기업을 보자. 제품가격을 올릴 때 1위 기업이 앞장서서 가격을 올리면 후발주자들이 눈치를 보면서 슬쩍 가격을 따라 올린다. 반대로 말하면 업계 1위가 가격을 인하하면 후발주자들은 적자를 보더라도 가격을 따라 내려야 한다.

이게 그 무서운 치킨게임이다. 업계 1위는 시장점유율이 높고, 판매량이 절대적이기 때문에 생산단가가 낮다. 100개를 만들 때 단가와 5,000개를 만들 때 단가는 다르다. 명함을 만들어도 100개를 만들 때와 1,000개를 만들 때의 비용이 그리 차이가 없다. 명함 1,000개를 돌릴 자신만 있다면 명함은 한 번에 많이 찍는 것이 유리하다. 이것을 규모의 경제라고 하는데 규모의 경제를 이룬 독점기업은 제품가격을 낮춰도 흑자를 유지할 수 있다. 반면 후발주자들은 판매량이 적기 때문에 생산단가가 높을 수밖에 없고, 같이 가격을 낮추면 적자가 심해져서 사업을 더 이상 할 수 없게 된다. 예를 들어 삼성전자는 D램 반도체 시장에서 치킨게임을 벌여 경쟁사들을 거의 다 파산시키고 승리의 열매를 독식하는 중이다. 이렇듯 강력한 시장점유율은 상대 기업들을 두려움에 떨게 만들 수 있는 진입장벽이 된다.

시장점유율은 높지 않지만 가격경쟁력이 뛰어난 기업들이 있다. 보통 이 둘은 비례하는데 닭이 먼저냐 알이 먼저냐의 차이다. 시장점유율이 뛰어나면 가격경쟁력에서도 유리해질 수 있듯 가격경쟁력이 뛰어나면 시장점유율을 늘릴 수도 있다. 그래서 앞의 치킨게임이 벌어지는 것이다.

대표적인 사례가 저가항공사인데 우리나라의 경우 국적기가 장악한 항공시장에서 저렴한 가격을 무기로 한 저가항공사를 취항시켜 점차 시장점유율을 늘려갔다. 조금 불편해도 가격적인 매력이 큰 탓에 저가항공사는 급성장을 이뤘고, 제주항공의 시가총액은 아시아나항공의 시가총액을 넘어서는 상황이 벌어졌다.

이케아와 코스트코도 경쟁이 치열하다. 전체적인 시장점유율은 낮지만 강력한 가격경쟁력을 바탕으로 탄탄한 이익을 내고 있다. 여기가 제일 싸다는 인식 탓에 사람들이 조금씩 사지 않고 한 번에 많이 사들인다. 즉, 고객 1명당 객단가가 꽤 높아 이윤은 적지만 박리다매 전략으로 전체적인 이익은 꽤 큰 편이다.

정부 독점기업은 양날의 검일 수도 있다. 한국전력 같이 국가가 독점을 하는 사업은 경쟁자가 존재할 수 없기 때문에 원하는 만큼 이익을 낼 수 있다. 전기가격을 다음 달부터 10배로 올리면 한전의 이익은 10배 이상 늘어나게 된다. 그러나 다들 알다시피 그럴 수가 없다. 국민의 생활에 영향을 끼치는 기업들이 주로 정부 독점기업이므로 가격을 기업이 마음대로 할 수 없고, 국가가 정해주는 가격으로 제품을 팔아야 하는 경우가 많다. 그래서 수익이 수요와 공급에 있지 않고, 정치적인 요소에 있다. 담배, 인삼, 전기, 수도 등이 이에 속한다. 통신은 생활에 있어 꽤 중요한 편인데 우리나라는 정부가 소유하지 않고 3개 통신사가 독점을 한 상태다. 그래서인지 통신사 지분구조를 보면 외국인들이 보유한도 최대로 지분을 가지고 있는 것을 확인할 수 있다. 은행도 외국인들의 지분이 절대적이다. 정부의 눈치를 많이 보지만 그만큼 메리트가 있는 업종이라는 뜻이다.

결론을 짓자면 진입장벽이 높은 기업이 가지는 특징은 가격결정권을 바탕으로 높은 자본효율(ROE)을 낸다는 점이다. 이러한 높은 이익 증가율은 인플레이션으로부터 기업의 주가를 오랫동안 자유롭게 해준다. 여기에 투자한 투자자들도 같이 경제적 자유를 누릴 수가 있는 것이다.

여기에 원칙에 벗어나 새로운 것을 하나 더하자면 꾸준히 이익을 내는 기업이 아닌 경기 사이클을 타는 기업에도 버핏이 종종 투자를 한다는 것이다. 겉으로 보기에는 원칙을 벗어난 것처럼 보이지만, 자세히 들여다보면 원칙에 맞는 투자를 하고 있다. 관점은 기업이 아니라 제품이다. 좋은 제품을 싸게 팔아서 제품경쟁력이 있는 경우다. 좋은 물건을 싸게 파는 기업은 금방 판매량이 늘고 당연히 이익도 늘어난다. 가격 대비 좋은 물건을 파는 기업들을 찾아보자. 자동차, 조선, 철강, 화학, 전자 등 우리나라 주력 수출산업들의 특징을 보면 품질이 뛰어난 물건을 다른 나라보다 싸게 판다. 우리나라의 이디야 커피도 1군 브랜드급의 좋은 품질과 인테리어를 유지하면서도 가격은 한 단계 낮게 팔기 때문에 업계 최저수준의 폐점률과 매출신장을 보여줬다. 반대로 1군 브랜드이면서도 낮은 품질의 커피를 팔았던 모 커피업체는 쇠락의 길을 걷고 있다.

우리가 투자 시 고려해야 할 것은 이 강력한 진입장벽을 가지고도 높은 자기자본율을 기록하고 있는지를 확인하는 것이다. 이러한 좋은 이점을 가지고도 ROE가 높지 않다면 경영자의 자질과 효율성에 대해 의심을 가져봐야 한다. 또한 부채비율이 높은 상태에서 ROE가 높은 상태인지도 확인해봐야 한다. 부채비율이 높으면 자기자본 대비 운영규모가 커지므로 자본효율이 높을 수밖에 없다. 문제는 부채를 가지고 레버리지 투자를 하다가 수익성이 악화되면 높은 레버리지로 인해 기업이 순식간에 도산할 수도 있기에 부채비율은 꼭 확인을 해야 한다.

📶 단순한 사업구조에 투자하라

버핏이 하는 말 중에 "사업구조가 단순한 기업에 투자하라"가 있다. 돈을 버는 구조가 복잡한 기업은 사기일 확률이 높기 때문이다. 버핏은 캔디를 팔아서 돈을 버는 기업, 물건을 배달해서 돈을 버는 기업처럼 돈 버는 구조를 단순 명확하게 설명할 수 있는 기업을 선호한다.

2008년 서브프라임 사태가 벌어지기 직전에 미국의 투자 은행들은 큰돈을 벌고 있었다. 어떻게 돈을 버는지 설명과정이 복잡하지만 매우 높은 수익률을 자랑했다. 한 번에 듣고 이해할 수 있는지 생각해보자.

"미국의 주택가격이 상승하자 집을 사기만 하면 돈을 버는 일이 벌어졌다. 10억 원짜리 집이 몇 달 뒤에는 11억 원이 되고, 12억 원이 됐다. 모두가 대출받아 집을 샀고, 돈을 벌었다. 어차피 오르는 집값이므로 은행들은 서로 대출해주려고 경쟁이 치열해졌다. 결국 나중에는 10억 원짜리 집을 사면 12억 원을 대출해주는 상품도 생겨났다. 대신 비싼 이자를 받기 때문에 이런 고위험 대출을 해주는 은행은 큰 수익이 났고, 어차피 집가격은 올랐기 때문에 이를 산 사람도 수익을 냈다. 이런 은행들은 대출채권을 잘게 쪼개고, 잘게 쪼갠 다른 대출 채권들과 섞었다. 예를 들어 1억 원짜리 대출 채권에 1,000개 이상의 대출채권이 잘게 섞여 있었다. 1개가 빚을 갚지 못하는 불량이 돼도 999개가 존재하기 때문에 안전하다는 논리였다. 그래서 10억 원짜리 집에 12억 원을 대출해준 위험채권들은 잘게 쪼개지고 섞이면서 고수익을 주는 우량한 채권으로 바뀌었다. 그리고 미국의 메이저은행들은 이 채권을 전 세계 은행들에게 다시 내다 팔고, 큰 수익을 얻었다.”

여기에서 수익구조를 쉽게 이해했고, 어떤 문제가 도사리고 있는지 이해가 가는가? 전 세계에 잃어버린 10년을 제공한 서브프라임 사태의 시초가 되는 일이 이 사건이다. 1명이 빚을 못 갚는 경우는 집값이 계속 오르고 있을 때나 가능한 일이다. 집값이 오르지 못하거나 멈추거나 떨어지게 되면 높은 이자를 감당하지 못하고 경매로 나오거나 헐값으로 나오는 매물들이 속출한다. 그러면 1,000개의 채권 중 수십 개, 수백 개의 불량채권이 나타나게 된다. 수익률은커녕 원금조차도 찾기 어렵게 되는 사태가 벌어지는데 이 채권의 등급이 우량채권이라는 말도 안 되는 일이 벌어진 것이다.

돈을 버는 구조가 복잡하다는 것은 어딘가에 속임수가 있기 때문에 이 속임수를 가리기 위해서 설명이 길어지는 것이다. 대표적인 사례가 다단계 판매인데 다단계 업체는 다단계 물건을 팔기 위해 직원들 교육에 엄청난 공을 들인다. 이 물건을 팔면 어떤 보상이 따른다는 것만 집중적으로 설명할 뿐 이 물건이 왜 시중의 다른 물건보다 10배, 20배 비싸게 팔려야 하는지에 대한 설명은 워낙 좋은 물건이라는 핑계 뒤로 감춘다. 예를 들어 1개에 만 원이 넘는 치약을 과연 대기업이 기술이 없어서 못 만드는 것일까? 안 만드는 것일까? 프리미엄 시장을 호시탐탐 노리는 대기업조차도 없는 기술을 어떻게 이름 없는 회사가 기술을 가지고 있을까? 이런 합리적인 의심만 해도 돈과 열정을 잃지는 않을 것이다.

다시 처음으로 돌아가면 이때 투자 은행들과 여러 은행주들은 우수한 실적과 높은 수익을 내고 있었다. 그런데도 버핏은 이들과 같은 원칙으로 투자를 하지 않았다. 결과는 어떻게 됐는지 모두들 알고 있다. 여러 은행들이 파산하고, 수많은 투자자들의 비명 속에서도 버핏은 또 한 번 살아남았다. 오히려 이때 쌓아놓은 현금을 바탕으로 미국 철도회사와 은행을 인수했다.

📊 주식의 내재가치란?

내재가치란 우리가 밖에서 보는 관점의 기업가치가 아니라 기업이

가지고 있는 본질적인 가치라고 말할 수 있다. 밖에서 보는 나와 내가 아는 나는 다르기 때문이다. 즉, 시장에서 평가받고 있는 그 기업의 가치가 아닌 기업 자체가 가지고 있는 현금창출능력과 역량을 평가한 것이 내재가치라고 볼 수 있다. 이전에 배웠던 현금흐름할인방법으로 구한 적정가격과 이 내재가치는 거의 유사하다. 감가상각비 부분에서 조금 해석의 차이가 있을 뿐이다.

내재가치를 구하는 방식은 하나의 추정방법일 뿐 정확한 것은 아니다. 기업의 정보공개는 세세하게 나와 있지 않아서 직접 손익계산서, 재무상태표, 현금흐름표를 보고 분석과 추측을 통해 가치를 구한 것이기 때문이다.

그래서인지 버핏도 이 방법을 공개한 적 없다. 대신 대학교육의 투자 가치를 비유로 들어 내재가치를 구하는 방법을 설명한다. 대학에 간 학생이 졸업 후 벌어들일 수 있는 수입을 추정하고, 대학을 가지 않았을 경우 평생 벌어들이는 수입(기회비용)을 빼준 것이 초과이익이 된다. 그리고 이 초과이익을 적절한 이자율로 할인한 것이 대학교육의 내재가치라고 말했다.

대학교육의 내재가치 = (대학 졸업 후 평생 버는 돈 − 대학에 안 갔을 경우 평생 버는 돈, 기회비용) × (1−할인율)

비유를 통해 내재가치에 대한 이해가 간단해졌다면 다행이지만 그렇지 않은 경우도 있을 것이다. 다시 본래 내용으로 돌아가면 사업에 자본을 투하해서 번 돈에 그냥 돈을 맡기기만 해도 받을 수 있는 수익을 빼주고, 여기에 현재가치 개념으로 계산해준 것이 투자의 내재가치다.

훌륭한 투자자라면 이런 내재가치의 격차가 가장 큰 종목을 골라야 한다. 기회비용을 빼고도, 현재가치로 할인을 하고도 높은 수익성을 보여줘야 한다. 그리고 내재가치 대비 현재 주가가 싼 주식을 사야 한다. 그래야 주가가 내재가치에 도달했을 때 매도를 통해 수익을 낼 수가 있다. 반대로 내재가치보다 주가가 비싸다면 지금은 이 주식을 살 때가 아니다. 내재가치와 주가를 알면 사야 할 타이밍과 팔아야 할 타이밍도 알 수 있다.

📊 주주이익은 늘어나야 한다

영업이익에서 현금흐름을 도출할 때 우리는 몇 가지를 더하고 빼서 실제 현금흐름을 구했다. 사업보고서에서 발표하는 데이터를 그대로 활용하지 않는 이유는 그 회계자료는 우리를 위해 작성한 것이 아니라 기업의 입장에서 쓴 회계자료이기 때문이다. 우리에게 필요한 회계자료로 기업이 작성할 의무는 없으며, 우리가 스스로 만들어서 투자에 참고해야 한다.

그래서 우리는 주주이익의 관점에서 이 기업이 얼마나 현금창출능력을 갖고 있는지를 봐야 한다. 주주이익을 구하는 방법은 순이익에서 실제로 현금유출이 없는 감가상각을 더해준 다음 유형자산 투자 비용(CAPEX) 평균치를 빼준다. 여기에 인플레이션만큼 운전자본 증가분을 더 빼주면 실제 주주이익이 나온다.

주주이익 = 순이익 + 현금유출 없는 감가상각비 − 평균 CAPEX − 운전
자본 증가분

이렇게 하는 이유를 상세히 설명하자면 현금유출이 없는 감가상각비는 회계처리를 위한 계산일 뿐 실제로 기업에서 현금이 나가는 것이 아니다. 대신 사업을 유지하기 위해 부동산, 기계 등 유형자산에 투자하는 돈인 CAPEX를 빼주는 것이 더 현실적으로 맞다. 5년마다 20조 원씩 반도체 생산라인을 설치해야 하는 기업이라면 연평균 CAPEX는 4조 원이 된다. 매년 4조 원씩 비축을 해야 5년마다 20조 원의 설비 투자 비용을 마련할 수 있는 것이다. 그런데 물가가 상승하는 만큼 장비설치비도 증가할 것이다. 5년마다 20%씩 공사비가 증기한다면 5년 뒤에 준비해야 하는 돈은 20조 원이 아니라 20조 원의 120%인 24조 원이 된다. 그럼 연평균 4.8조 원을 준비해야 한다. 이 부분을 빼먹으면 연간 8,000억 원씩 이익이 더 생기는 줄 알고 기업가치를 잘못 판단하게 된다.

설비 투자비가 연간 8,000억 원씩 더 들어가는 기업이라면 순이익도 연간 8,000억 원 이상이 더 들어와야 이 기업은 주주이익이 늘어

나는 기업이다. 그런데 연간 순이익이 이렇게 늘어나기란 강력한 경쟁력을 가진 기업이 아닌 이상 어려운 일이다. 그래서 CAPEX 자체가 작아 증가분이 절대적으로 작은 기업을 선호한다. 그러면 순이익이 이렇게 상승하지 않아도 인플레이션분 이상으로 이익을 증가시킬 수가 있다.

운전자본 증가분에는 '재고자산+매출채권−매입채무'에서 물가상승률만큼 더해주면 비슷하게 추정할 수 있다.

CAPEX는 따로 구하지 않고 포털사이트에서 재무정보를 검색하거나 HTS에서 구해진 값을 구할 수가 있다. 우리는 감가상각비와 운전자본 증가분만 찾아서 대입하면 실제 주주이익을 구할 수가 있다. 여기서 구해진 주주이익에 자사주를 뺀 주식 수를 나누면 주당 주주이익이 나온다.

가치 투자자들 중에 EBITDA를 쓰는 사람들이 많은데 영업이익에

4-4 | 시가총액순 CAPEX, 2018년

단위 : 억 원

종목	2014년	2015년	2016년	2017년
삼성전자	220,429	258,802	241,430	469,494
SK하이닉스	48,007	67,746	59,564	89,285
현대차	33,538	81,417	29,712	28,999
포스코	35,055	25,602	23,241	25,153
LG화학	14,113	16,334	13,958	22,305
네이버	2,713	1,208	1,538	2,744

감가상각비를 더해 실제 현금흐름만 계산하는 것은 매우 위험한 계산법이다. 한 번 식당을 차리면 평생 인테리어, 집기구입, 시설교체를 안 해도 된다고 생각하는 방식이다. 5년에 한 번이든, 10년에 한 번이든 주기적으로 시설교체와 인테리어를 해줘야 계속 장사를 할 수가 있다. 그러므로 기업이 계속 사업을 하기 위해 들어가는 CAPEX는 반드시 반영을 해서 영업이익에서 빼줘야 한다.

실제현금흐름 = 영업이익 – CAPEX + 감가상각비 – 운전자본 증가분
- CAPEX = 실제로 빠져나간 돈인데, 빠져나가지 않았다고 회계처리
- 감가상각비 = 실제로 빠져나가지 않은 돈인데, 빠져나갔다고 회계처리

이를 무시하고 시가총액에 EBITDA를 나눈 EV/EBITDA를 많이 쓰는 이유는 PER을 활용하는 것이나 CAPEX를 빼주는 것보다 기업의 가치를 높일 수 있기 때문이다. PER이 10인데 EBITDA가 6으로 나오면 이 기업이 상당히 저평가 됐다고 추천을 권유할 수가 있다. 그리고 이 기업의 가치를 최대한 높게 반영시켜서 매각을 하거나 기업공개(IPO)에 활용해서 더 큰 차익을 얻을 수 있기 때문이다.

물론 EV/EBITDA를 넣어도 적당한 기업이 있다. 유형자산 투자비(CAPEX)가 거의 들지 않는 기업인데, 애초에 이 비용이 거의 들어가지 않는 기업이나 초기장치비가 많이 들어가지만 그 이후로는 거의 들지 않는 기업은 상관이 없을 수도 있다. 그러나 일반적인 기업은 당연히 이 비용이 발생할 수밖에 없으므로 포함해서 계산하는 것이 좋다.

📊 재무제표 외에도 벌어질 수 있는 변수를 고려하자

그 외에도 주주이익이 일어날 수 있는 일들을 고려해야 한다. 회계로만 진주를 찾아낼 수 있다면 우리나라 회계사들은 다 부자가 됐을 것이다. 재무제표 밖에서 벌어질 수 있는 일들을 생각해보자.

1) 환율

환율이 오르면 수출기업이 유리하고, 수입업체는 손해를 본다. 환율이 내리면 그 반대다.

2) 금리

금리가 오르면 대출이 많은 기업, 채권을 많이 보유한 기업은 손실이 발생한다. 전반적으로 금리 인상이 기업들에게는 나쁜 소식이다. 다만 금리가 오른 만큼 가산금리를 얹어서 대출을 해주는 은행은 예대마진 증가로 이익이 늘어난다. 기본적으로 금리가 오른다는 것 자체가 큰 의미에서 경제가 좋아진다는 신호이기에 거시적으로 볼 필요가 있다.

3) 유가

대부분 생산제품의 원료가 되는 석유가격이 오르면 기업들은 재료가격이 올라서 마진이 줄어 이익이 감소한다. 단, 유가가 천천히 오르면 제품가격을 인상시킬 시간이 있어 충격이 덜하나 유가가 급격히 오르면 제품가격도 올리기 전에 재료가격이 올라 손실이 발생한다.

따라서 유가가 올라도 제품가격을 마음대로 올릴 수 없는 업종은 피해가 크다. 반대로 유가가 내리면 이미 올린 제품가격은 내려가지 않기 때문에 마진이 늘어난다. 유가비중이 큰 정유, 화학, 항공업체의 주가가 상승하는 기간이다. 반대로 유가가 내린다는 것은 경제가 위축되고 있다는 신호였으나 최근에는 셰일가스(Shale gas)의 등장으로 경제 위축 신호보다는 공급과잉에 의한 과당경쟁으로 유가가 하락하기도 한다.

4) 업황과 경쟁

라이벌과의 경쟁상태는 회계수치로는 알 수 없는 것들이다. 내가 매출과 이익이 한창 최악을 기록하던 시절, 시멘트 주식을 집중적으로 매입했던 것은 재무제표에서는 찾을 수 없는 것을 업황과 경쟁상황에서는 찾을 수가 있었기 때문이다. 가격경쟁을 벌이는 상황에서 몇몇 업체는 견디기 힘든 수준까지 갔고, 이제 가격경쟁이 끝을 향해가고 있는 시점에 안 좋았던 건설경기가 호황에 진입하기 직전이었다. 터널의 끝에서 재무제표는 가장 나쁘다. 이때 집중적으로 시멘트 주식을 사들였다. 긴 터널이 끝나고 빛이 비추듯 주가는 2배 이상이 됐다.

📈 ROE가 꾸준히 높아야 한다

자기자본이익률(ROE)은 기업이 얼마나 성장하고 있는지 간단하게

단위 : %

종목	2014년	2015년	2016년	2017년
삼성전자	15.0	11.0	12.5	20.5
SK하이닉스	27.0	22.0	13.0	37.0
현대차	13.4	10.7	8.4	6.0
포스코	1.5	0.4	3.3	7.0
LG화학	7.3	9.2	9.5	14.0
네이버	27.8	26.5	26.0	20.0

알 수 있는 지표다. 자산에서 부채를 뺀 순자산을 가지고 얼마나 자산을 잘 불리고 있는지를 알 수 있다. 즉, 기업이 얼마나 빠르게 성장하고 있는지 측정이 가능한데 ROE가 물가상승률보다는 훨씬 높아야 한다.

기본적으로 ROE가 10은 넘어야 자본을 효율적으로 잘 불리고 있다고 본다. 물가상승률과 기대채권수익률을 고려했을 때 기업이 10%의 성장을 보여줘야 투자 가치가 있다고 본다. 꾸준히 한 자릿수 성장을 하거나 그 이하라면 장사를 제대로 못하고 있는 기업이다.

표 4-5는 시가총액순별로 기업들의 ROE를 정리해본 것이다. 대기업이라고 해서 장사를 모두 잘한 것은 아니다. ROE가 10% 이상으로 우수한 기업도 있고, 20%를 꾸준히 넘는 놀라운 기업도 있다. 반대로 한 자릿수를 기록하는 성장이 정체된 기업도 있다.

기업의 ROE가 20%를 넘는다는 것은 순이익이 급성장한다는 이야기다. 현재의 PER이 높아 고평가로 보여도 ROE가 높으면 순이익이 급격히 늘어나기 때문에 몇 년 뒤의 PER가 꽤 낮아지게 된다. 그래서 현재의 기록을 알려주는 PER보다는 미래의 PER을 알려주는 ROE가 더 중요한 지표다.

다시 재조정해서 구해야겠지만 ROE를 알게 되면 미래의 기업가치를 알 수 있다. 순이익이 늘어나는 속도를 알았으니 1년 뒤, 2년 뒤, 5년 뒤, 10년 뒤 순이익을 추정할 수가 있고, 이를 바탕으로 적정한 내재가치를 알아낼 수가 있다.

정확한 내재가치를 구하기 위해서는 ROE가 변동 폭이 적고 꾸준한 것이 좋다. 표 4-5에서는 네이버의 미래 현금흐름을 알아내기가 제일 좋고, 변동 폭이 심한 SK하이닉스의 미래 현금흐름을 알기가 제일 어렵다. 반도체의 경우 호황과 불황이 번갈아 오는 주기가 있기 때문에 한 해의 ROE를 보지 말고, 5년에서 10년간의 ROE를 평균 내야 안정적인 내재가치를 구할 수 있다. 변동 폭이 적은 네이버는 ROE 평균값인 25를 넣으면 미래의 내재가치를 알아낼 수가 있다. 2017년 네이버의 PER은 35.4지만 ROE가 현재 수준을 유지한다면 현재 가격 기준으로 PER이 6년 뒤에는 10 이하로 내려온다. 그러면 지금의 이 주식은 절대 비싼 편이 아니다.

버핏의 투자는 현재 저평가가 아니라 지금 샀을 때 미래에 저평가가 되는 기업을 사는 것이다. 그래서 그 당시 눈으로 볼 때 버핏이 산 기업들은 다 비싸게 산 것처럼 보였다. 하지만 시간이 지나면서 왜 그가

이 주식을 샀는지 고개를 끄덕이게 된다. 이것이 바로 버핏 투자의 핵심이다.

📈 할인율이 몇 %여야 하는가?

4-6 | 내재가치 계산식

$$내재가치 = \frac{1년\ 후\ 실제현금흐름}{(1+\ 무위험수익률+할인율)} + \frac{2년\ 후\ 실제현금흐름}{(1+\ 무위험수익률+할인율)^2} + \cdots$$

현금흐름을 통해 내재가치를 계산할 때 현재가치에 대한 할인율을 몇 %로 잡느냐에 따라서 적정주가가 크게 바뀐다. 적당히 할인율을 적용하면 적정주가가 나오지 않겠냐는 우스갯소리도 하지만, 버핏조차도 이에 대해서 힌트만 줄 뿐 명확히 말한 적은 없다.

다만 1998년에 무위험수익률로 미국장기국채수익률을 활용한다고 말했고, 2007년에는 공식적인 할인율은 없지만 국채보다는 높은 할인율을 활용한다고 말했다. 여기에 한 가지 더 힌트가 있는데 30년간 확실한 현금흐름을 보여주는 기업이면 할인율을 좀 더 낮출 것이라고 말했고, 국채보다 상당히 높은 이익이면 편안하게 느낀다는 말을 했다.

즉, 할인율 자체가 리스크로 반영되는 것이고, 가장 위험성이 낮은 미국장기국채수익률을 무위험수익률을 계산하는 기본으로 삼고, 여기에 얼마나 현금흐름이 안정적인지, 불안한지에 따라 가산금리를 적용한다고 보는 것이 맞다.

똑같이 은행에서 신용대출을 받아도 직장이 튼튼한 사람은 기준금리에 낮은 가산금리를 붙이고, 직장이 불안한 사람은 기준금리에 높은 가산금리를 붙이는 것과 원리가 같다. 그렇다면 현금흐름이 변동폭이 적게 꾸준히 증가하는 기업은 낮은 가산금리를 적용하고, 현금흐름이 들쭉날쭉한 기업은 가산금리를 높게 잡아서 내재가치를 보수적으로 한다는 말이다.

또한 전 세계는 시간이 지날수록 금리가 하락하고 있어서 장기국채수익률이라고 하더라도 그 이율이 너무 낮다. 그래서 주식 투자로 인한 기대수익률도 낮추는 것이 좋다. 예전에 버핏의 말 중 "일반인이 주식 투자로 연 10% 수익률을 올리는 것은 불가능한 일이다"라는 말을 빌려 최대 기대수익률은 10%로 잡자. 그러나 이것도 영원한 값은 아니다. 현재의 낮은 금리와 물가상승률을 고려한 것이어서 금리가 오르거나 물가상승률이 오르면 10%가 아닌 그 이상으로 책정해야 한다. 또 기업의 안정성에 따라 달라진다.

그래서 전자와 후자 중 할인율이 더 높은 것을 적용하면 보수적인 내재가치가 나온다. 이를 계산하면 보수적으로 내재가치를 구할 수 있다.

1. 무위험수익률(미국장기국채)+연 물가상승률(인플레이션)+가산금리
2. 10%
1과 2 중 더 큰 값을 할인율로 사용

여기서 주의해야 할 점은 할인율을 높게 잡아서 보수적으로 계산해 봤자 주식 투자 성공과는 전혀 상관이 없다는 것이다. 투자 가치가 있는 기업에 할인율을 적용해서 내재가치를 구해야지, 투자 가치도 없는 기업은 할인율을 적용하나마나 제대로 된 값이 나올 수가 없다. 애초에 기업을 잘 선택해서 아까운 시간을 버리는 일이 없도록 하자.

📊 워렌 버핏의 적정주가 계산 사례 보기

기업의 내재가치를 구한 뒤에야 이 기업의 적정주가를 예상할 수가 있다. 그래서 내재가치가 기본이 돼야 한다. 버핏이 시즈캔디(See's Candies)를 인수하면서 내재가치와 적정주가를 구하는 힌트를 준 적이 있는데 이를 통해 내재가치와 적정주가를 계산해보도록 하자.

1972년 자회사를 통해 버핏이 시즈캔디를 2,500만 달러에 인수할 당시 시즈캔디의 순자산은 800만 달러였다. 순자산규모의 3배 가격을 주고 인수했으니 꽤 높은 프리미엄을 준 것이다. 당시 시즈캔디의 이익은 세후 200만 달러였으니 PER 12.5 수준의 가격에 산 것이다.

수익성 기준으로 보면 보통, 순자산으로 보면 높은 가격에 기업을 인수했지만 이는 표면적인 분석이고, 내재가치를 들여다보면 이야기가 달라진다.

주목할 점은 순자산 800만 달러로 수익을 200만 달러를 벌어들이니 ROE가 25%가 나온다. 세부적인 계산인 순이익+감가상각비−CAPEX=주주이익을 순자산으로 나눠도 25%로 같은 값이 나온다. 즉, 성장성이 상당히 높은 기업이라는 점이 시즈캔디의 특징이다.

이 사례를 통해서 버핏의 기업 투자 원리를 알게 됐다. 평범한 기업을 싸게 사기보다는 훌륭한 기업을 적당한 가격에 사는 전략을 취하는 것이다. 스포츠에서도 보면 평범한 선수를 싼값에 사오는 것보다 훌륭한 선수를 적당한 값을 주고 데려와야 팀의 성적이 좋아진다. 지불한 값보다 그 이상의 가치를 해주면 되기 때문이다. 실제로 주식 시장에 우수한 성장을 보여주면서 적당한 가격대에 있는 기업이 별로 없기 때문에 이런 기업이 적당한 가격으로 내려왔을 때 사들이는 것도 좋은 방법이다.

시즈캔디 이야기로 돌아가면 버핏이 인수한 지 11년 뒤 시즈캔디는 얼마나 성장했을까? 순자산이 2,000만 달러로 2.5배 성장했고, 세후 순이익은 1,300만 달러로 6.5배 성장했다. 그렇다면 ROE는 65%나 되는 엄청난 알짜 기업으로 성장한 것으로 볼 수 있다. 이때 버핏이 자회사로부터 지분 40%를 사들이는데 이때 가격이 순자산의 4.55배였다. 11년 전의 3배에 비해 순자산 대비 더 높은 프리미엄을 준 것이다. 이때 했던 말 중 하나가 평범한 기업은 그때나 지금이나 순자산

단위 : 백만 달러

구분	1972년 시즈캔디	1983년 시즈캔디
주주이익	2	13
순자산	8	20
자본효율	25%	65%
지불가격	25	91
미국장기국채수익률	6.36%	11.88%
인플레이션율	4.43%	3.445
추정 자본요구수익률	10.79%	15.32%
지불가격/순자산	3.125	4.55
자본효율/미국장기국채수익률	3.93	5.47
자본효율/자본요구수익률	2.32	4.24
평균추정 적정가치	3.12	4.86

가격의 1배 수준이 적당한 가격이라는 말이었다.

성장하는 기업에게는 높은 프리미엄을 주고, 평범한 기업에게는 프리미엄을 주지 않는다는 말은 성장성만큼 프리미엄이 차등 지급된다는 말이다.

표 4-7을 통해서 살펴볼 것은 '버핏이 그 기업을 인수할 때 적정가치를 무엇을 기준으로 보느냐?'이다. 자본효율을 미국장기국채수익률로 나눈 값과 자본요구수익률로 나눈 값의 중간값을 활용한 것으로 보인다. 아니면 주주총회에서 말했던 대로 인플레이션율을 2% 정

도로만 계산한 것일 수도 있다. 인플레이션율을 2%라고 계산했을 때 1972년도 적정가치는 2.99, 1983년도 적정차기는 4.68로 지불가격/순자산 비율과 꽤 근사치에 가깝다. 그래서 표 4-7처럼 중간값을 활용하거나 자본요구수익률을 계산할 때 미국장기국채수익률에 2%를 더하면 기업의 적정주가를 구할 수가 있다.

확실한 것은 둘 다 자본요구수익률이 10%를 넘었다는 것이다. 이때는 미국장기국채수익률이 꽤 높은 상황이었고, 2018년 현재는 3% 정도다. 인플레이션율은 2017년 기준 2%이나 2018년에는 인건비 대폭 상승으로 작년보다 더 상승할 것이라고 예상되므로 3% 정도로 잡는 것이 더 보수적인 접근이 될 것이다. 그러면 추정자본요구수익률은 6% 정도로 잡고, 이제 다른 기업들을 분석해보면 적정주가를 구할 수가 있다.

📊 계열사 포함해서 계산하기

기업은 성장하면서 계열사를 나눈다. 업종별로 강한 브랜드를 만들고, 업무의 효율을 높이며, 법인세를 낮추기 위해서는 계열사로 나누는 것이 여러모로 유리하기 때문이다. 그러나 이것은 기업을 위해서 유리하다는 것이지, 투자자에게 유리하다는 것은 아니다. 계열사 덕분에 회계분석을 하는 데 시간이 더 오래 걸리기 때문이다.

단순하게 생각하면 각각 계열사별 내재가치를 계산하고, 이를 보유한 지분만큼 더해주면 모기업에 대한 내재가치를 쉽게 구할 것이라고 생각하는데 막상 그렇지가 않다. 계열사 숫자가 너무 많고, 종속기업과 관계기업을 일일이 찾아 구하기란 여간 시간낭비가 아니기 때문이다.

그래서 의미 있는 기업들을 위주로 하고, 나머지는 그리 가치를 두지 않는 것이 계산하기 편하다. 기업의 이익에 영향을 주는 계열사만 내재가치를 분석하고, 영향력이 적은 기업과 해외 법인은 장부가액, 지분법 손익만 반영할 수밖에 없다.

가장 편한 방법은 IFRS가 이미 도입돼 있으므로 연결재무제표를 보는 것이다. 굳이 CAPEX와 감가상각비를 조정하기 위해 일일이 기업을 분석하는 시간보다 연결재무제표를 보고 판단하는 것이 더 효율적이다.

문제는 기업의 지배에 관여를 하지 않는다고 판단되는 20% 미만 투자 기업은 재무제표가 연결되지 않는다는 점이다. 투자 자산으로 분류돼 시가총액 또는 장부가액으로만 자산이익이 표시되고, 배당금만 이익으로 잡히기 때문에 내재가치를 정하는 데 왜곡이 된다.

그렇기 때문에 투자 자산으로 분류된 기업들의 배당금을 뺀 이익에서 감가상각비와 CAPEX를 빼줘 내재가치를 구한 다음에 모기업의 내재가치에 더해준다. 이렇게 해야 이 기업이 가진 온전한 포괄주주 이익을 구할 수가 있다.

특히, 모기업보다 큰 기업의 주식을 투자 자산으로 갖고 있을 경우, 이렇게 내재가치를 일일이 더해주면 장부가치와 내재가치의 차이가 크게 난다. 이렇게 차이가 크게 난다는 것은 대중들이 알고 있는 정보와 내가 알고 있는 정보의 차이가 발생했다는 것이고, 대중들에게 알려지기 전까지 내가 먼저 보유할 수 있는 기회가 생긴다는 것이다.

실제로 시가총액 600억 원, 매출 1,000억 원, 당기순이익 2억 원 수준의 유니온의 경우, 시총 3.7조 원 정도 되는 OCI의 지분을 꽤 보유하고 있으나 OCI의 실적이 연결되지 않고, 배당금만 이익에 연결이 된다. 그런데 OCI는 배당성향이 낮은 기업이다. 그러면 유니온의 가치는 오로지 OCI의 주가에만 연결하는 것이 맞을까?

유니온은 OCI의 지분 2.64%를 가지고 있다. 보유가치는 약 980억 원 정도가 된다. 2016년 OCI의 주주이익은 순이익(2,194억 원)-

4-8 | 유니온 적정가치 계산

단위 : 억 원

구분	2016년 유니온
주주이익	185
순자산	1,734
자본효율	10%
지불가격(시가총액)	639
미국장기국채수익률	3%
인플레이션율	3%
추정 자본요구수익률	6%
지불가격/순자산	0.39
자본효율/미국장기국채수익률	3.3
자본효율/자본요구수익률	1.66
평균추정 적정가치	2.5

CAPEX(4,418억 원)+현금유출 없는 비용(9,139억 원)=6,915억 원이다. 이를 지분법처럼 유니온에 반영하면 유니온의 순이익 2억 원에 OCI 의 이익 182.5억 원을 더해 약 185억 원의 주주이익이 나온다. 그러면 자기자본이익률(ROE)은 10%가 나온다.

앞서 말한 시즈캔디 주가계산 방식으로 유니온을 계산하면 평균추 정 적정가치는 2.5가 나오고, 현 시가총액은 순자산 대비 0.39라는 가 격이라 거의 6배의 차이가 나는 상태로 상당히 저평가로 볼 수 있다.

단, 시즈캔디와 유니온의 큰 차이점은 시즈캔디는 스스로 강력한 브랜드 가치로 꾸준한 매출과 높은 이익이 보장되는 사업을 한다는 것이고, 유니온은 백시멘트 사업을 하지만 수익이 거의 안 난다는 점 이다. 그리고 시즈캔디는 ROE가 25에서 65로 증가할 정도로 자본효 율이 높고, 성장성이 뛰어나지만, 유니온의 경우 OCI 지분을 보유하 고 있다고 하더라도 현 단계에서 ROE 10%는 매력적인 기업이라는 인상을 주지 못한다. 마치 최대구속 140km/h를 던지는 투수는 나쁜 편은 아니지만 이 선수를 굳이 사오려는 구단주는 없는 상황과도 같 다. 강력한 ROE를 보여준다면 현재 시가총액 몇 배를 지불하고도 사 려는 투자자가 생겨날 것이다.

📈 좋은 기업을 싸게 사라

임대사업을 할 때 실투자금 4,000만 원을 가지고 순이익 400만 원을 벌면 임대 투자 수익률이 10%가 된다. 하지만 이 집을 2,000만 원 싸게 사서 투자를 하면 실투자금 2,000만 원을 가지고 순이익을 400만 원 내는 것이기 때문에 수익률 20%가 된다. 즉, 부동산도 싸게 사면 수익률이 오른다. 주식도 마찬가지다.

일반적으로 좋은 기업, 특히 성장성이 높은 기업은 주가에 미래가치까지 포함돼 있어 주가가 비싸게 형성된다. 아무리 좋은 기업도 비싸게 사면 투자금 회수까지 오랜 시간이 걸리고, 투자 수익률이 낮아진다.

그래서 현금을 모았다가 기회가 왔을 때, 좋은 기업을 적정가격에, 운이 좋다면 싸게 사야 한다. 싸게 살 수 있다면 투자금 회수까지 더 짧은 시간이 걸리고, 그만큼 높은 투자 수익률을 기록하게 된다.

웰스파고라는 은행이 부동산 거품 붕괴로 어려움에 처한 적이 있었는데 이때 버핏이 움직였다. 그 이유는 경영진의 뛰어난 경영능력, ROE 20%의 높은 자본이익률, 수익률에 눈이 멀지 않고 리스크 관리에 더 신경 쓰는 경영철학 등을 꼽았다. 당시 480억 달러의 대출채권이 부실화될 가능성이 있다고 해서 주가가 많이 하락한 상태였다. 이때 버핏은 480억 달러 중 10%가 부실채권이 되고, 이 중 30%가 휴지조각이 된다고 해도, 손실은 총 14.4억 원가량인데 연간 순이익이 10억 달러이고, 쌓아놓은 대손충당금이 3억 달러이므로 이 정도는 견뎌낼 수 있다고 봤다.

매년 자기자본이익률이 20%나 되는 뛰어난 능력을 가지고 있는 은행이 1년 정도의 순이익을 날리는 것은 괜찮다고 판단한 것이다. 대신 그만큼 주가가 하락했기 때문에 그 이상으로 싸게 살 수만 있다면 오히려 더 높은 수익률을 얻을 수 있을 것으로 봤다. 버핏은 이렇게 판단하고 웰스파고의 주식을 PER 5 이하에 지분 10%를 매입했다. 계산을 해보면 PER×ROE=PBR이다. 다시 대입해보면 PER 5×ROE 20=PBR 1이 나온다. 즉, ROE 20%인 고성장기업을 순자산가치 가격으로 매입한 것이다.

해당 업종 전체에 위기가 오면 경쟁력이 낮은 업체들이 사라지거나 합병당하면서 업체 수가 현저히 줄어든다. 이 위기의 순간을 잘 버틴 기업들은 그만큼 공급이 줄었기 때문에 향후 업종이 회복되면 더 높은 이익과 성장성을 보인다. 이를 턴어라운드(Turn around) 업종이라고 하는데 은행의 경우 위기와 기회를 반복하면서 도산과, 인수합병이 됨에 따라 업체 수가 줄어든다. 웰스파고도 이후 호황을 다시 맞이하면서 9년 뒤에 주가는 20배가 넘는 상승을 보여줬다.

아니면 전환사채(CB)로 그 기업에 투자하는 방법이 있다. 질레트가 대표적인데 잠시 어려움을 겪은 세계 1위 면도기 회사인 질레트가 버핏에 투자를 요청했다. 이때 버핏은 전환사채형식으로 질레트에 투자했다. 전환사채는 채권처럼 확정된 이자를 받을 수도 있고, 만기 시 주식으로 전환할 수도 있다. 이 기업이 향후 성장성이 생기면 주식으로 교환해서 큰 수익을 낼 수도 있고, 성장성이 보이지 않으면 약속한 원금과 이자만 받고 나올 수도 있다.

일반적으로 버핏은 평균 안전마진 추정치 57%를 확보하고 투자했다. 실질적으로 줘야 하는 프리미엄보다도 절반가량 싸게 산 것이다.

높은 성장성을 보유한 기업을 현재가치보다 57%나 싸게 샀으니 얼마나 향후 높은 수익이 났을까? 버핏은 그래서 세계 2위 부자가 될 수 있었던 것이다.

📈 사야 할 때, 팔아야 할 때는 언제일까?

웰스파고처럼 주식을 싸게 살 수 있는 타이밍은 언제일까? 싸다고 무작정 주식을 사는 것은 위험하다. 주가가 많이 하락했다면 그만한 이유가 있기 때문이다. 운동선수의 경우 1년 이내로 회복할 수 있는 부상이라면 그 선수의 몸값에 영향이 없겠지만, 다시는 기량을 회복할 수 없을 정도의 치명상을 입었다면 몸값이 상당히 깎이게 된다.

기업의 경우도 마찬가지다. 일시적인 이유인지, 앞으로 지속될 문제인지를 분석하고, 두 번째로 기업의 성장성을 회복할 수 있는 문제인지, 회복불능의 문제인지를 봐야 한다. 마지막으로는 도덕성의 문제인지를 봐야 한다. 가장 큰 문제는 기업이 제공하는 재무제표를 신뢰할 수 없을 때다. 신뢰를 잃은 재무제표는 이 기업의 가치가 얼마인지를 알 수 없게 만들어버린다.

IMF 외환위기나 글로벌 금융위기 시절에 우리 기업 주가는 반 토막 이하로 하락했다. 바겐세일을 해도 사가는 사람들이 없을 정도로 심리적으로 위축됐고, 그 결과 실제 기업이 받은 타격보다 주가는 더 많이 하락했다.

그런데 이때 경제상황과 우리나라 기업들의 주가는 바닥을 쳤지만 실제 기업들은 잘 나가고 있었다. 물론 직접적인 타격을 받은 기업들도 있지만, 다른 기업들은 매출과 거래처가 늘어나며, 일감과 이익이 늘어나는 시기에 외부적인 충격이 온 것일 뿐, 수출 길이 막히거나 수요가 급감하는 상황이 아니었다.

이러한 두 번의 큰 충격이 있었고 그때마다 주가는 1년 만에 회복이 됐다. 주가는 이렇게 수급과 심리에 따라 큰 등락폭을 보이지만 기업의 실적은 견고하게 움직인다. 즉, 실적과 주가 사이에 괴리가 생기는데 우리는 이때 주식을 사야 하고, 반대로 팔아야 한다.

│ 주식을 사야 할 시기 │

- 업종이나 기업의 일시적인 충격(배상금, 세금, 손실처리)

- 국가적인 상황(금융위기, 전쟁)

- 내재가치가 현 주가보다 30% 이상 높은 경우

- 실적 회복을 가능하게 하는 기업의 저력, 성장성

│ 주식을 사면 안 되는 경우 │

- 기간시설 파괴, 주요시설 화재

- 정치적으로 불리하거나 정책과 반대의 사업을 하는 기업

- 내재가치가 아직도 주가보다 높은 기업

- 해당 충격을 직접적으로 받는 기업(환율, 매출타격)

주식을 사는 방법은 결국 내재가치보다 싸게 사는 것이다. 문제는 '언제 파느냐?'이다. 사는 것은 그리 어렵지 않지만 파는 것은 정말 어렵다. 언제 파느냐가 수익률을 결정하고, 실패한 투자가 되느냐, 성공한 투자가 되느냐의 갈림길이기 때문이다. 버핏의 명언을 들어보면 "10년을 보유할 주식이 아니라면 1초도 보유하지 마라"는 말이 있을 정도로 장기 투자를 선호했고, 평생 보유할 주식이라는 말을 종종 했다. 이는 검증된 뛰어난 에이스급 주식을 싸게 샀는데 왜 굳이 이것을 팔고, 다른 주식을 사느냐는 반문이기도 하다. 가만히 있어도 높은 투자 수익률을 주는 강남의 아파트를 팔고, 다른 지역 아파트를 사려고 두리번거리는 사람을 보면 답답함을 느끼는 것처럼 말이다. 그래서 그 기업을 팔 때는 몇 가지 조건이 있어야 한다.

- 자기자본이익률(ROE)이 하락하고 있을 때
- 경영진의 능력이 떨어지거나 교체됐을 때
- 현재가치 대비 주가가 너무 고평가 돼 있을 때

ROE가 떨어진다는 것은 해당 기업의 성장성이 떨어지고 있다는 뜻이다. 그럼 원래 내재가치가 재평가 돼야 하고, 점점 낮아지는 현금창출능력은 기업의 앞날을 불투명하게 한다. 이럴 때는 팔아서 현금화하고, 다시 성장성이 높은 기업으로 갈아타야 한다.

경영진의 능력이 떨어지는 일은 거의 없을 것이다. 하지만 경영진이 실수를 반복하거나 능력이 떨어지는 모습을 보여주면 기업의 미래가 보이지 않는다. 경영자가 어이없는 판단 하나만 해도 그룹이 공중 분해 된 적이 몇 번 있었다. 건설이 가장 좋고 비쌀 때 알짜 기업을 팔고 건설업체를 인수한다든가, 실체가 없고 장밋빛 미래만 존재하는 사업에 그룹의 역량을 집중시킨다던가 하면 얼마 못 가 그룹이 망하는 것은 시간문제다. 그래서 능력 없는 경영자가 있는 기업은 배를 처음 타보는 선장이 움직이는 배만큼이나 위험한 일이다. 특별한 실적 없이 재벌 3세라는 이유만으로 최고 CEO가 된다면 그 기업에 대해서 다시 고민해봐야 할 때다.

기업 자체는 문제가 없는데 주가 자체가 고평가 된 경우가 있다. 좋은 기업이라고 소문이 나거나 홍보가 되면 갑자기 주가가 오르는데, 기업의 적정가치보다도 더 많이 오르는 경우가 많다. 기세가 붙으면 주가는 상상보다 더 오르고, 수급이 꼬이면 주가는 제 가치보다 형편없이 바닥을 친다. 이럴 때는 주식을 과감하게 던져야 한다. 내재가치보다 주가가 오버슈팅 되면 얼마 안 있어 제 가치로 주가가 내려오게된다. 가치보다 비싸게 주식을 팔 수 있는 기회가 오면 좋은 기회라고 생각하고 과감히 매도하자.

5장

워렌 버핏이
한국에 투자한다면…

📊 한국의 코카콜라 : 롯데칠성 VS LG생활건강

한국의 코카콜라라고 불릴 수 있는 기업은 롯데칠성과 LG생활건강이 있다. 롯데칠성은 소주, 맥주, 사이다, 펩시, 주스, 생수, 스포츠음료 등 마시는 것에 대해서 전반적인 사업구조를 갖추고 있는 명실 공히 음료 1위 업체다. 이에 반해 주류는 없지만 음료와 주스, 생수 등 롯데칠성과 버금가는 사업구조를 갖춘 곳이 LG생활건강이다. 여기에 화장품 브랜드를 다수 보유하고 있고, 생필품 시장에서 압도적인 우위를 점하고 있는 LG생활건강은 독점적인 점유율을 가진 팔방미인이다. 음료의 절대자와 음료, 화장품, 생필품의 팔방미인, 둘 중 과연 어디에 투자하는 것이 더 효과적일까?

1 : 롯데칠성

1) 기본 주주이익

롯데칠성은 시장점유율에 걸맞지 않게 주주이익이 지속적으로 적자

단위 : 억 원

	구분	2013년	2014년	2015년	2016년	2017년
A	당기순이익	1,034.9	205.5	1,003	691.4	1,215
B	유형자산 감가상각비	368.3	394.3	383.1	374.8	1,284.8
	무형자산 상각비	222.6	224.3	230.1	208	207.3
C	CAPEX	2,196.4	2,994	2,593.2	3,518.7	2,591
A+B−C	기본주주이익	−570.6	−2,169.9	−977	−2,244.5	116.1

를 보고 있다. 순이익을 내고 있지만 유형자산 투자로 인해 최근 5년 중 4년간 적자를 냈는데, 이는 맥주 사업 진출로 공장설립 및 증설, 판촉을 하고 있어서다. 처음에 큰 투자비가 들어가지만 이후로는 큰 투자 비용이 들지 않는 주류공장 특성상 이번 투자가 완료돼 하이트 진로만큼 규모를 갖춘다면, 소주와 맥주에서 400억 원 이상의 순이익이 예상된다. 그러나 맥주 신제품 출시로 판촉비가 과도하게 들어가면서 영업이익이 반 토막 났는데, 이는 일회성 비용으로 봐야 하므로 영업이익과 순이익은 다시 올라갈 것으로 보인다. CAPEX가 감소하고 판관비가 줄어들어 2013년 수준으로 안정화되면 영업이익은 2,000억 원 선, 당기순이익은 1,200억 원 선으로 예상되고, 현 시가총액인 1.2조 원 대비 PER 10으로 기업의 브랜드 가치 대비 저렴한 편이다.

2) 운전자본 증가분

운전자본의 변동이 심해서 5년 평균을 구하면 매출액의 2%가량이 되고, 연매출 평균을 약 2.2조 원으로 보면 440억 원가량이 운전자본으로 보인다. 하지만 더 보수적으로 보면 최근 2년간 운전자본을 너무 낮게 잡은 경향이 있는데, 당기순이익을 최대한 올려서 자금을 끌어올 때 유리하게 보이려고 한 것일 수도 있다. 그래서 보수적으로 700억 원 수준으로 잡는 편이 더 나을 것이다. 700억 원이면 매출액 대비 3.2%로 본다. 즉, 매출액이 늘어나는 만큼 운전자본 증가를 보면 되는데 매출증가와 운전자본 증가가 나타나지 않으므로 이 부분은 생략해도 가능하다.

구분		2013년	2014년	2015년	2016년	2017년
A 유동 자산	매출채권	2,410.3	2,388.5	2,387.9	2,530.4	2,608.6
	미수금	72.8	48.3	55.2	75.3	75.4
	미수수익	18.1	14.5	13.2	8.7	4.9
	선급금	402.7	433.1	440.1	402.4	325
	선급비용	97.9	110.6	122.4	134.3	119.2
	기타	18.2	16.9	13.6	6.4	0.2
	이연법인세자산	0.2	1.2	0.2	0.5	
	재고자산	2,232	2,618.1	2,406.9	2,448.6	2,387.8
B 유동 부채	매입채무	1,917.3	1,847.6	1,907.9	1,872.7	1,677.3
	미지급금	1,336.1	1,341.1	1,454	1,477.8	2,358.6
	선수금					
	예수금	785.7	1,315.3	1,422.4	1,417	1,489.6
	미지급비용	280.3	267.4	324.8	337.1	212.6
	보증금	3.6	3.7	6.1	7.6	11.2
	이연법인세부채	219.5	70.8	375.5	273.3	84.6
	기타유동부채	32.3	26.5	24.1	35.3	5.7
A-B	운전자본(C)	821.3	677.4	758.8	-75.3	185.8
	매출액(D)	21,985.9	22,159.2	21,841	22,991.6	23,694.7
	비율(C/D×100)	3.7%	3.1%	3.5%	-0.3%	0.8%
	운선자본비율평균			2.1%		

3) 연결에 빠진 계열사 이익

롯데칠성이 보유한 주식들은 대부분 계열사 주식으로 보유비중이 낮고 여러 군데로 흩어져 있다. 2016년 사업보고서에는 규모로 볼 때

1) 시장성 있는 지분증권

당기 말 및 전기 말 현재 연결회사가 보유하고 있는 시장성 있는 지분증권의 내역은 다음과 같습니다.

(단위 : 백만 원)

회사명	구분	당기 말				전기 말 장부금액
		보유 주식수(주)	지분율(%)	취득원가	장부금액	
롯데푸드(주)(주1)		–	–	–	–	82,951
롯데쇼핑(주)(주1)		–	–	–	–	274,056
(주)신한금융지주		159	0.00	26	8	7
(주)BNK금융지주	보통주	2,156,883	0.66	14,251	20,318	18,722
삼화왕관(주)		19,548	0.91	104	1,013	882
우리종합금융(주)		7,042	0.00	47	4	5
삼광글라스(주)		30,000	0.62	176	1,311	2,010
기타		–	–	109	227	305
합계				14,713	22,881	378,938

롯데쇼핑이 장부가 2,740억 원으로 나와 있고, 롯데백화점과 롯데마트를 보유한 롯데쇼핑의 주주이익은 7,000억 원 수준이며 지분율을 고려해서 롯데칠성에 더해줘야 하는 주주이익은 277.7억 원이다. 그럼 이전의 주주이익 700억 원가량을 더하면 약 977.7억 원가량의 주주이익을 가진 기업이었으나 2017년 인적분할로 롯데지주로 승계됐기에 이 이익을 더해줄 수가 없다.

5-2 | 롯데칠성음료 단기 투자 자산 – 비상장 주식

2) 시장성 없는 지분증권
당기 말 및 전기 말 현재 연결회사가 보유하고 있는 시장성 없는 지분증권의 내역은 다음과 같습니다.

(단위 : 백만 원)

회사명	구분	당기 말				전기 말 장부금액
		보유 주식수(주)	지분율(%)	취득원가	장부금액	
한국후지필름(주)(주1)	보통주	–	–	–	–	28,580
롯데정보통신(주)(주1)		–	–	–	–	9,993
롯데캐피탈(주)(주1)		–	–	–	–	13,222
(주)롯데닷컴(주1)		–	–	–	–	2,841
롯데자산개발(주)(주1)		–	–	–	–	26,107
Lotte Europe Holdings B. V.(주1)		–	–	–	–	14,146
롯데포장유한공사(주1)		–	–	–	–	2,440
롯데기업관리유한공사(주1)		–	–	–	–	536
롯데건설(주)(주1)		–	–	–	–	74,674
롯데지알에스(주) (구,(주)롯데리아)(주1)		–	–	–	–	12,553
롯데로지스틱스(주)(주1)		–	–	–	–	17,729
이지스일호(주)(주2)	전환우선주	–	–	–	–	5,353
롯데글로벌로지스(주)(주3)	보통주	720,078	3.94	27,591	19,305	25,292
대한주정판매(주)		27,840	7.78	560	625	662
세왕금속공업(주)		46,849	8.26	1,643	3,935	2,270
서안주정(주)		34,874	8.72	908	3,171	2,608
강원도민프로축구단(주4)		10,000	0.55	50	50	50
기타		–	–	708	–	–
합계				31,460	27,086	239,056

4) 자본총액은?

재무상태표에 나온 자본총계는 2조 3,727억 원이었으나 2017년 인적분할 이후 1조 3,128억 원이 됐다. 물론 기업의 특성상 대도시 근처에 제조공장을 가지고 있어 토지의 가치가 장부가치 이상으로 시세를 받을 수 있을 것이다. 공시지가가 시세의 60~70% 수준인 것을 볼 때 보유한 토지의 장부가치 9,345억 원에서 4,000억 원 정도를 더 얹어주고 싶지만 확실한 것은 아니므로 절반가량만 더해줘 2,000억 원을 더해 조정한 자본총계는 2조 5,727억 원이다.

5) 내재가치는?

롯데칠성음료의 적정 주주이익인 116억 원에 투입자본인 1조 3,128억 원을 나눠주면 자본효율은 0.9%가 나온다. 할인율은 현재 미국장기국채금리가 3%, 인플레이션율을 넉넉히 잡아 3%로 합쳐서 6%가 나온다. 여기에 초우량기업이기 때문에 더 가산금리를 더할 이유는 없을 것이다.

할인율	6%
자본효율(ROE)	0.9%
자본효율/할인율 = 자본배수	0.15
조정자본총액(원)	1조 3,128억
주식 수(총 주식-자사주)	757,335
주당 내재가치(원)	255,501

흑자로 전환했지만 인적분할 탓에 자본이 절반 가까이 감소하고, 롯데쇼핑의 이익을 롯데칠성 이익으로 더할 수가 없기에 주당 내재가치는 급격하게 감소했다. 주당 내재가치가 올라가려면 새로운 시설 투자가 완료되고, CAPEX가 줄어들며 이익이 늘어야 주주가치가 증가할 것으로 보인다. 하지만 현 주가(5장에서 나온 현 주가 기준일은 2018.4.25입니다(이하 공통))인 150만 원에 비해 현금흐름에 의한 내재가치는 턱없이 부족해진 상태다.

6) 외부영향(환율, 금리, 유가, 업황, 경쟁) 분석

롯데칠성의 현재 상황은 재무제표에서도 나타나듯 나쁜 편이다. 부채가 늘고, 이익이 들쭉날쭉하고 주주이익이 적자를 보는 상황임에도 이 기업에 대해 이해가 가는 부분은 현재 맥주 사업 진출이라는 큰 투자를 하고 있는 것이다. 이 기업에 대해 5년, 10년을 분석해도 소용없는 것이 음료 시장에서 정체될 수 있는 상황에서 매출과 이익을 확장하기 위해 맥주 시장으로 점차 영역을 넓혀 나가고 있기 때문이다. 기존의 사업인 음료, 소주, 생수 시장에서는 탄탄한 점유율을 바탕으로 큰 이상이 없을 것으로 보인다.

당장의 순이익을 고려하면 투자를 줄이고 기존 사업만 유지하면 되지만, 적극적으로 영역을 넓혀 나가는 모습이 앞으로의 성장성을 보여주고 있다. 다만, 소주의 경우 기존 브랜드를 인수함으로써 쉽게 점유율을 넓혀 나갔는데, 맥주의 경우 카스 인수 전에 실패한 후 직접 신규공장을 짓고 맥주 사업에 진출한 상태라 점유율을 늘리기 위해 막대한 비용이 들어가고 있다. 주류시장에서 점유율 1%를 늘리기 위해 들어가는 돈은 음으로 양으로 큰돈이 들어가기 때문에 롯데칠성에 투자한다면 이 부분에 대해 기다림이 필요하다. 만약, 맥주 사업에 점유율 확대가 실패한다면 기업으로서는 큰 타격을 받게 된다. 그래서 이 부분에 대한 리스크가 가장 큰 편이다.

7) CEO 능력과 도덕성

이 기업의 리스크는 지주회사 출범이었다. 중간격 지주회사 출범으로 제과, 쇼핑, 음료의 투자 부문을 인적분할해서 롯데지주로 통합됐다. 롯데지주가 롯데칠성의 지분 19.3%를 보유하고, 지주사 요건을 갖추기 위해 0.7%의 지분을 더 매입할 예정이다. 이 작업 때문에 그룹 간의 교통정리가 되겠지만 이로 인해 롯데칠성의 순이익에 효자노릇을 하던 롯데쇼핑의 이익이 사라진 것은 아쉽다.

그러나 그룹특성상 현금흐름을 중요시 여기고, 대부분 내수주로 현금사업에 집중하는 모습을 보이며, 불확실한 미래에 투자하기보다는 확실한 현재에 투자해서 현금창출을 우선시하고, 원가절감 노력을 부단히 하는 기업으로 주주 입장에서 경영전략은 만족할 만하다.

2 : LG생활건강
1) 기본 주주이익

LG생활건강의 재무제표는 참 깨끗하다고 말할 수 있을 정도로 좋은 재무제표의 정석을 보여준다. 매출과 이익이 꾸준히 늘면서도

CAPEX는 낮게 유지가 됐다. 덕분에 주주이익은 꾸준히 증가하는 추세를 보여주고 있다.

단위 : 억 원

	구분	2013년	2014년	2015년	2016년	2017년
A	당기순이익	3,657	3,546	4,704	5,792	6,185.5
B	유형자산 감가상각비	966.9	1,054.5	1,108.1	1,157.3	1,271.2
	무형자산 상각비	135.5	156.6	162.5	179.6	192.9
C	CAPEX	1,345	1,872	3,017	3,315	2,842
A+B-C	기본주주이익	3,414.4	2,885.1	2,957.6	3,813.9	4,807.6

2) 운전자본 증가분

단위 : 억 원

	구분	2013년	2014년	2015년	2016년	2017년
A 유동 자산	매출채권	4,105.4	4,082.6	4,197.1	4,696.5	5,398.1
	미수금	108.1	139.4	121.8	152.3	112.9
	미수수익	1.9	8.3	3	4.9	3
	선급금					
	선급비용					
	기타	22	47.1	42.4	80.3	54.3
	이연법인세자산	2.3	0.9	3.9	4.5	5
	재고자산	3,756.3	4,113	4,412.6	5,358.9	5,469.1
B 유동 부채	매입채무	2,024.2	2,075.1	2,173.5	2,285.6	2,315
	미지급금	1,807.9	2,086.4	2,030.1	2,150	2,347.8
	선수금					
	예수금	311.5	370.5	406.8	489.1	512.4

	구분	2013년	2014년	2015년	2016년	2017년
B 유동 부채	미지급비용	676.6	958.1	1,598.3	1,681.7	1,699.6
	보증금	93.8	105.5	127	108.7	99.9
	이연법인세부채	653.1	742.3	1,130.8	1,337.1	1,565.8
	기타유동부채	222.7	285.5	355.5	602.3	504.9
A-B	운전자본(C)	2,206.2	1,767.9	958.8	1,642.9	1,997
	매출액(D)	43,263	46,770	53,285	60,741	62,705
평균 6.4%	운전자본비율평균		-19.9%	-45.8%	71.3%	21.6%
평균 11.8%	매출액증가율		8.1%	13.9%	14.0%	3.2%
C/D×100	비율	5.1%	3.8%	1.8%	2.7%	3.2%
	운전자본비율평균			3.3%		

운전자본도 정석을 보여주고 있는데 매출이 늘어남에 따라 매출채권과 재고자산이 자연스럽게 증가하고 있고, 매입채무도 증가하고 있다. 거의 모든 운전자본이 늘었다고 봐도 과언이 아닌데, 매출액이 연평균 9.8%씩 증가할 때마다 운전자본은 연평균 6.8%씩 증가하고 있다. 매출액 대비 운전자본이 오히려 감소하는 효과가 있다. 주주이익 4,807억 원에 운전자본에 감소한 운전자본 5.4%를 더해주면 조정된 주주이익은 4,951억 원이 나온다.

3) 연결에 빠진 계열사 이익

LG생활건강이 보유한 매도가능증권 중에서 기업의 실적에 영향을 줄 만큼 큰 기업은 없었다. 이 부분은 생략이 가능하다.

4) 자본총액은?

보유한 토지가 최근 1,000억 원 가까이 증가했고, 기업의 특성상 공시지가 대비 상승분을 반영해줘야 한다. 최근에 사거나 가치가 증가한 1,000억 원분을 빼고, 나머지 4,500억 원에서 공시지가 상승을 고려한 1,500억 원을 더해주면 토지가치는 총 7,000억 원가량이 되고, 이를 자본총계에 반영하면 3조 7,826억 원이 된다.

5) 내재가치는?

조정된 자본총액 3조 7,826억 원에 초우량기업이므로 가산금리 없이 할인율 6%를 적용하고, 자본효율 13.1%를 넣으면 자본배수가 2.18이 나온다. 자사주가 없으므로 주식 수를 그대로 적용하면 주당 내재가치는 433,185원이 된다.

할인율	6%
자본효율(ROE)	13.1%
자본효율/할인율 = 자본배수	2.18
조정자본총액(원)	3조 7,826억
주식 수(총 주식-자사주)	15,618,197
주당 내재가치(원)	528,415

그렇다면 현 주가 120만 원은 내재가치 대비 2배가량 비싼 가격이다. 매출의 안정성과 꾸준한 성장성은 투자에 매력적이나 현 주가는 고평가인 상태로 볼 수 있다.

6) 외부영향(환율, 금리, 유가, 업황, 경쟁) 분석

LG생활건강의 음료부분은 유가, 환율에서 자유로우나 화장품은 주로 수출비중이 커서 환율에 따른 손실이 생길 수가 있다. 2018년 현재 환율이 많이 내려간 상태로 화장품 부분에서 이익이 많이 감소했을 것으로 보인다. 중국과의 외교문제로 화장품 수출도 타격을 입은 상황이라 동남아로 수출을 확장하는 전략이 필요하다. 반대로 중국과의 외교문제로 인한 단체관광객 제한조치가 해제되면 중국으로 수출확대, 중국 관광객 방문으로 인한 판매증가 등 이익이 증가할 요소가 많다. 생필품 부분에서는 이전처럼 탄탄한 점유율을 보여줄 것으로 보인다.

7) CEO 능력과 도덕성

LG계열 회사들은 안정적으로 기업을 잘 경영하는 것으로 유명하다. 도덕성 또한 높은 수준이며, 잡음이 없고, 직원들의 만족도가 높은 회사로 다른 기업들의 모범이 된다. 계열사 모두 흑자를 내고, 사업을 안정적으로 영위하므로 그룹리스크가 낮고, LG생활건강 또한 지속적으로 기업을 안정적으로 운영할 것으로 예상된다.

롯데칠성과 LG생활건강 어디에 투자해야 할까?

당장의 업황과 이익 증가 등 LG생활건강의 안정감이 눈에 확 띈다. 안정적으로 주주이익이 증가하는 모습은 투자자에게 깊은 매력을 준다. 하지만 PER이 현재 34이고, 현재의 주가는 내재가치 대비 2배가 넘는 상태로 시장에서 고평가를 받고 있다. 팔방미인이라 안정적인 매출과 성장을 토대로 각 분야에서 얻은 프리미엄이 쌓여 이런 주가를 만든 것으로 보인다.

롯데칠성은 현재의 재무제표는 좋지 않지만 맥주 시장 진출과 독점적인 시장지배력을 바탕으로 앞으로의 성장에 배팅을 한 상태다. 그리고 내재가치 대비 주가는 6배가 비싼 수준으로 고평가지만 이는 앞으로 시설 투자가 줄고, 맥주점유율이 늘어나면 예상 PER은 10까지 갈 수 있다고 본다. 음료, 주류계에서 강력한 브랜드를 가진 초우량 자산주를 PER 10에 가질 수 있다는 것은 행운이다. 다만, 높은 ROE를 보여줄 만한 요소는 두 기업 모두 없다는 점이 매력에서 떨어진다. 그래도 한 기업을 택하라면 롯데칠성에 한 표를 주고 싶다.

📶 라면의 제왕 : 농심 VS 오뚜기

라면업계 부동의 1위 농심과 탄탄한 실적을 자랑하는 오뚜기 중 누가 과연 라면의 제왕일까? 점유율이 높다고 해서 무조건 높은 수익성을 보장해주지는 않는다. 농심과 오뚜기, 이 둘 중에 과연 누가 더 투자자에게 매력이 있는 기업일까?

1 : 농심

1) 기본 주주이익

단위 : 억 원

	구분	2013년	2014년	2015년	2016년	2017년
A	당기순이익	869	645	1,174	1,992	907
B	유형자산 감가상각비	796	796.2	791.3	842.3	819.1
	무형자산 상각비	34.1	14.1	8	12.2	11.8
C	CAPEX	635	1,059	1,215	574	1,282
A+B−C	기본주주이익	1,064.1	396.3	758.3	2,272.5	455.9

주주이익은 폭이 널뛰기를 하고 있는데 평균을 잡기가 어렵다. 2016년에 순이익이 급증했는데 평년과 다르게 영업 외 수익에서 기타로 1,200억 원 이상 잡히면서 발생한 것이고, 2017년에는 정상수준으로 돌아왔다. CAPEX도 일정치 않아 5년 평균치인 953억 원에 비해 300억 원이 과하게 잡혔고, 감가상각비는 매년 일정한 편이다. 그래서 실질적인 이 기업의 주주이익은 755억 원 정도로 볼 수 있다.

2) 운전자본 증가분

단위 : 억 원

	구분	2013년	2014년	2015년	2016년	2017년
A 유동 자산	매출채권	2,033.8	1,958.8	2,102	2,227	2,231.4
	기타		169.7	167.8	167	156.1
	이연법인세자산	11.6	9	19.5	45.4	60.9
	재고자산	1,571.9	1,730.4	1,729.9	1,691.8	1,720.1
	기타유동자산	346.8	161	222	214.1	173
B 유동 부채	매입채무	3,001.6	2,718.6	2,846.9	2,789	2,364.8
	미지급금	222.5	290.4	454.3		
	보증금 및 기타	319	290.7	297.4	1,735.6	1,834.8
	예수금	203.8	184.5	199.4	236.4	202.7
	미지급비용	973.9	962.5	1,117.1		
	단기충당부채	81.2	79.9	85.1	93.3	100.7
	이연법인세부채	113.9	172.6	293.7	155.2	203.4
	기타유동부채	65.5	82.1	82.8	85	68.9
A-B	운전자본(C)	-1,017.3	-752.4	-1,135.5	-749.2	-433.8
	매출액(D)	20,867	20,417	21,816	22,170	22,083
평균-12.6%	운전자본증가율		-26.0%	50.9%	-34.0%	-42.1%

평균 0.6%	매출액증가율		−2.2%	6.9%	1.6%	−0.4%
C/D×100	비율	−4.9%	−3.7%	−5.2%	−3.4%	−2.0%
	운전자본비율평균		−3.8%			

운전자본 증가율은 평균 (−)12.1%를 보여주고 매출액 증가율은 평균 1.5%다. 운전자본의 변동은 보증금과 미지급비용에서 격차가 크게 벌어진 탓이다. 이 부분을 5년 평균치로 조정해서 보면 2017년 운전자본은 100억 원 정도로 매출액에 비해 1%도 되지 않을 정도로 미미하다. 그래서 이 부분은 고려하지 않아도 된다.

3) 연결에 빠진 계열사 이익

연결재무제표에 빠진 매도가능 금융자산 중 영향을 주는 기업은 없다.

4) 자본총액은?

토지가격은 3,000억 원가량이고 부산지역에 메가마트의 알짜 부지들이 존재하지만, 토지가격 자체가 크지 않으므로 기존 자본인 1조 8,023억 원을 그대로 반영하기로 한다.

5) 내재가치는?

농심 또한 우량기업으로 6%의 할인율을 적용했고, 자본은 그대로 넣었다. 자사주가 없으므로 주식 수도 그대로 넣었다. 주주이익은 변수를 제외시킨 평균치 추산이익인 755.9억 원을 넣었다.

할인율	6%
자본효율(ROE)	4.1%
자본효율/할인율 = 자본배수	0.68
조정자본총액(원)	1조 8,411억
주식 수(총 주식-자사주)	6,082,642
주당 내재가치(원)	207,119

주당 내재가치는 207,119원인데 현 주가는 30만 원으로 50% 넘게 고평가가 돼 있다. 농심에 투자해서 유의미한 투자 수익률을 보여주려면, 현재 내재가치를 고려해서 20만 원 선에서 매입하는 것이 좋다. 농심이라는 기업 자체가 흔들림이 있지 않으므로 주식 시장에 큰 충격이 왔을 때 농심을 싸게 매수하는 전략도 좋다.

6) 외부영향(환율, 금리, 유가, 업황, 경쟁) 분석

주로 외부에서 밀가루와 기름을 수입해서 쓰므로 환율이 한계까지 내려간 현재, 농심에 유리한 상황으로 볼 수 있다. 부채비율이 상당히 낮은 편이라 금리가 인상해도 거의 타격이 없는 기업이다. 유가가 올라도 농심에는 큰 영향을 주지 않는다.

가장 큰 위협은 경쟁사의 신개발 라면인데 최근 들어 새로운 라면들이 나올 때마다 농심의 점유율이 흔들리는 모습을 보여줬다. 다행히도 길게 흔들리지 않고 다시금 신라면, 너구리, 짜파게티 3형제의 위용을 되찾고 있지만, 가랑비에 옷 젖는 줄 모른다고 경쟁사의 신개발

라면은 언제나 위협적이다.

라면의 해외 수출도 활발해지고 있는데 이는 라면업계 전체의 호재로 볼 수 있다. 외국 어디에 가도 우리나라 라면이 한 칸씩 차지하고 있는데, 한류 열풍과 한국관광객의 증가로 해외에서 매출이 좋은 편이다. 현지인들에게도 라면이 정착된다면 국내 시장에서 벗어나 큰 매출 성장으로 이어질 수도 있다.

7) CEO 능력과 도덕성

두 명의 공동 CEO가 운영을 하고 있는데 5년간 매출상승률 연평균 1.5%로 만족하지 못할 수준이다. 다만 중국 쪽 수출회복이 이뤄지면 매출과 이익이 분명히 상승할 것으로 보인다. 판관비를 늘리며 라면시장을 수성하기 위해 노력하고 있고, 마케팅과 신제품으로 위기를 어떻게 극복할지 지켜보며, CEO의 능력을 확인해봐야 한다.

2 : 오뚜기

1) 기본 주주이익

오뚜기는 매년 매출액과 당기순이익이 증가하는 훌륭한 기업이다. 업계 1위의 독보적인 브랜드를 보유하지는 않았지만 라면, 식료품, 냉동식품 등 식품 전 분야에 다양하게 걸쳐 오랜 기간 동안 잘 살아남고 있다. 그러면서 꾸준히 이익을 늘리고 있으니 농심, CJ제일제당과 식료품시장의 한 축을 지키고 있다고 볼 수 있다.

다만, 내수시장을 넘어 해외로 나가야 성장가능성이 높은데 오뚜기

단위 : 억 원

구분		2013년	2014년	2015년	2016년	2017년
A	당기순이익	922	941	1,049	1,380	1,324
B	유형자산 감가상각비	266.4	298.9	348.1	412.5	463
	무형자산 상각비	9.2	8.5	9.5	10.7	12.3
C	CAPEX	593	978	812	843	777
A+B-C	기본주주이익	604.6	270.4	594.6	960.2	1,022.3

의 해외 매출 비중은 9% 정도다. 해외 매출 비중이 20%가 넘는 경쟁 사들에 비해 해외 비중이 낮은 것은 선점효과를 빼앗겼다는 악재와 아직 해외 성장도 남아 있다는 호재로 인식된다.

어쨌든 결론은 라면 시장에서 23% 점유율(농심 56.2%)을 올렸고, 라 면업계 2위로 1위와 격차를 줄여 나가고 있다는 것이다. 우리가 여기 서 봐야 할 점은 유형자산 감가상각비가 계속 늘어나고, CAPEX가 순 이익 대비 꽤 높은 편이다. 즉, 지속적인 투자가 이뤄지고 있으며, 이 로 인해서 면발 기술이 좋아졌고, 이는 점유율 증가로 이어진 것이다. 점유율이 증가하면서 감가상각비, CAPEX가 꾸준히 증가하는 것은 이해할 수 있는 부분이다. 물론 점유율은 늘면서 CAPEX는 낮게 유지 하는 것이 가장 좋다.

2) 운전자본 증가분

운전자본이 마이너스가 나오는데 단순하게 매출채권+재고자산– 매입채무로 구하면, 운전자본이 557억 원에서 1,085억 원으로 5년간

구분		2013년	2014년	2015년	2016년	2017년
A 유동 자산	매출채권	1,158	1,148	1,195	1,393.6	1,728.9
	미수금	20.6	7.7	3.5	6.4	7.9
	미수수익	14.4	18.7	13.4	12.7	14.3
	선급금					
	선급비용					
	기타	0.1	9.4	8.7	4.8	7.2
	이연법인세자산	3.9	13.4	5.5	5.7	
	재고자산	1,192.8	1,232.5	1,403.7	1,545.8	1,502.4
	기타유동자산	67.9	70	114.3	70.7	102.8
B 유동 부채	매입채무	1,793	1,811.1	1,828.8	2,081.9	2,146.1
	미지급금	385.8	401.7	418.9	391.4	406.5
	선수금	1.2	1.3	1.3	1.3	7.6
	예수금	94.8	87.7	103.7	142.7	150.6
	미지급비용	114.6	129.2	166.1	180.8	211.2
	보증금	110.1	110.2	99.9	80.2	78.9
	이연법인세부채	130.4	143.7	183.5	250.4	264.1
	기타유동부채	81.3	91.8	89.3	134.8	123.8
A−B	운전자본(C)	−253.5	−277	−147.4	−223.8	−25.3
	매출액(D)	17,281.8	17,817.3	18,831	20,106.6	21,261.5
평균 3.6%	운전자본증가율		9.3%	−46.8%	51.8%	−88.7%
평균 4.5%	매출액증가율		3.1%	5.7%	6.8%	5.7%
C/D×100	비율	−1.5%	−1.6%	−0.8%	−1.1%	−0.1%
	운전자본비율평균			−1.0%		

꾸준히 19%씩 증가했다. 아마 이 데이터가 더 정확하다고 보는 것이 맞다. 매출 대비 운전자본 비중은 5%로 보면 될 듯하다. 운전자본 증가분을 반영하면 조정된 주주이익은 828억 원이 나온다.

3) 연결에 빠진 계열사 이익

오뚜기가 보유한 계열사와 해외 법인 모두 양호하고, 매도금융가능자산 중 내재가치에 더해줄 만한 기업은 보이지 않았다.

4) 자본총액은?

자본은 1조 1,515억 원으로 꽤 많이 증가했고, 식품회사이므로 알짜 식품을 많이 가진 것으로 보인다. 농심과의 비교를 위해 이 부분은 따로 반영하지 않았다.

5) 내재가치는?

할인율은 농심과 같이 6%를 적용했고, 자본효율은 7.2%가 나왔다. 조정된 주주이익을 넣었음에도 불구하고 자본배수가 1.2로 우수했다.

자사주가 있어 이를 제외한 주식 수는 336만 주가 넘고, 이를 자본배수를 적용해 내재가치를 구하면 41만 원이 나온다. 현재 주가 80만 원은 이보다 두 배 이상 높은 가격으로 매수하기에 고평가인 상태로 볼 수 있다. 원하는 수익률을 내기 위해 매수적합 가격대는 40만 원이다.

할인율	6%
자본효율(ROE)	7.2%
자본효율/할인율 = 자본배수	1.2
조정자본총액(원)	1조 1,515억
주식 수(총 주식-자사주)	3,367,449
주당 내재가치(원)	409,855

6) 외부영향(환율, 금리, 유가, 업황, 경쟁) 분석

농심과 오뚜기, CJ제일제당 모두 가장 치명적인 타격은 곡물가 인상이다. 곡물가 인상은 유가 인상과 흐름이 비슷하다. 유가가 올라가면 작물재배비용도 증가하고, 유가가 100달러 이상 넘어가면 식물기름으로 석유를 대체하는 일이 발생하므로 곡물가가 치솟는다. 현재 유가가 65달러를 넘어가고 있고, 상당히 빠른 속도로 유가가 상승 중이므로 유가 100달러에 대한 준비가 돼야 한다. 다만 우호적인 것은 환율 하락으로 수입에 유리해서, 유가 상승분을 환율 하락이 막아주고 있다. 이런 상황으로 제품가격 인상은 당장은 어려우나 유가가 계속 오르거나 환율이 오르면 제품가격 인상을 준비할 것으로 보이고, 이는 매출 확대로 이어진다. 그러나 더 중요한 것은 해외 시장 개척이다. CJ제일제당은 해외 개척에 적극적인 상태이고, 농심은 해외에서 라면 시장을 잘 개척하고 있다. 선점효과를 빼앗기기 전에 좀 더 공격적인 시도가 보여야 당장은 주주이익이 줄어들더라도 앞으로 주주이익이 빠르게 증가할 수가 있을 것이다.

7) CEO 능력과 도덕성

11년간 가격을 올리지 않았다고 칭찬이 자자할 정도로 인기가 높은 CEO다. 주주에게는 얄밉지만 그래도 매출과 이익을 늘리면서 도덕적으로 기업을 경영하고 있고, 꾸준히 성장하는 기업의 정석을 보여주며 올바르게 경영하는 회사다. 이제 주주들이 기대하는 해외 시장 개척은 어떻게 풀어 나가는지 CEO로서의 능력이 기대된다.

농심과 오뚜기 어디에 투자해야 할까?

현재로서는 둘 다 투자하면 안 된다. 둘 다 모두 버핏이 좋아할 만한 내수주, 꾸준한 매출과 이익상승 등 매력적인 요소를 가지고 있는 명품 주식임은 틀림없으나 우리의 기본 원칙인 명품을 싸게 산다는 것에 위배된다.

이 주식을 지금 사서는 기대하는 수익을 얻을 수가 없고, 안전마진을 기대할 수가 없다. 다만 ROE가 한 단계 올라가는 모습, 이 ROE가 지속적으로 높게 유지될 확신, 내재가치의 빠른 증가로 현 주가가 저평가에 진입, 외부 충격으로 주가 급락 등의 요소가 있지 않는 한 현재로서는 지켜볼 수밖에 없는 주식이다.

그래도 둘 중에 하나를 택하라면 당장 시세를 고려해 농심을 택할 것이고, 성장성을 고려하면 오뚜기를 매입하는 것이 맞다.

📊 면세점의 제왕 : 호텔신라 VS 한화갤러리아타임월드

면세점이라는 사업을 잘 생각해보자. 관광객들이 국내에 오고 나갈 때마다 면세로 물건들을 사갈 수가 있으니 사고 싶은 물건만 잘 진열해 놓는다면 알아서 돈이 들어오고 나가는 땅 짚고 헤엄치기 장사가 면세점이다. 면세점을 허가받기 위해서는 어려운 관문을 헤쳐 나가야 하지만, 이미 면세점을 보유하고 있다면 이보다 더 좋은 현금장사는 없다. 관광객이 늘어나기만 한다면 매출은 그에 비례해서 증가할 것이고, 작년 중국과의 외교문제로 관광객 타격을 받았지만 다시 회복되고 있다. 또한 국내 해외 관광객이 계속 늘고 있고, 동남아시아 등에서 한국관광객이 늘어남에 따라 앞으로 매출은 계속 증가할 것으로 예상되는 성장성 높은 분야가 면세점이다.

1 : 호텔신라

1) 기본 주주이익

단위 : 억 원

	구분	2013년	2014년	2015년	2016년	2017년
A	당기순이익	108	735	185	278	253
B	유형자산 감가상각비	417.8	520.3	631.9	605.2	580.8
	무형자산 상각비	93.4	118	108.3	139.7	133.4
C	CAPEX	2,184	1,300	1,110	668	649
A+B-C	기본주주이익	-1,564.8	73.3	-184.8	354.9	318.2

호텔신라가 호텔로 수익을 낸다고 생각하면 오산이다. 90% 가까운 매출이 면세점에서 나오고 있다. 예전에는 호텔사업을 영위했지만 CEO의 경영혁신으로 면세점 기업으로 탈바꿈했고, 새로운 성장 동력을 삼아 폭발적인 매출 증가를 보여주고 있다. 중국 관광객 급감이라는 직접적인 타격에도 매년 매출 10% 성장을 보여준다는 것은 면세사업이 국내, 해외에서 모두 큰 폭으로 성장하고 있음을 보여주는 것이다.

다만 아쉬운 점은 주주이익이 적다는 것이다. 매출 대비 영업이익이 2%, 순이익이 1% 정도인데 마진이 높은 상품을 판매하는 전략이 동반돼야 주주이익도 매출액만큼 성장할 수 있다. CAPEX는 갑자기 높아진 2013년을 제외하고 매년 낮아져서 2년 연속 600억 원대를 기록하고 있다. 감가상각비도 안정적인 편으로 특별한 투자가 없는 한 지속될 것으로 보인다.

2) 운전자본 증가분

단위 : 억 원

구분		2013년	2014년	2015년	2016년	2017년
A 유동 자산	매출채권	565.9	512.1	644.8	1179.2	771.4
	미수금	470.6	543.4	730.9	662.4	831.8
	미수수익	23.7	110.1	92.8	168.8	159.2
	기타					
	이연법인세자산		0.2	0.1		0.3
	재고자산	3,367.9	4,935	4,706.2	4,713.1	4,998
	기타유동자산	1,373.3	1,927.7	1,960.7	2,056.7	441.5

	매입채무	1,373.3	1,927.7	1,960.7	2,056.7	2,728.8
	미지급금	498.1	441.3	427.6	503.5	490.9
	선수금					
B 유동 부채	예수금	35.8	39.5	27.1	1,461	1,582.6
	미지급비용	442.6	906.2	869.5	1,086.1	1,143.3
	보증금	32.5	49.9	32	56.8	67.8
	이연법인세부채	40.4	279.1	141.1	115.2	140.5
	기타유동부채	504	708.3	772.1	593.3	731.2
A-B	운전자본(C)	2,874.7	3,676.5	3,905.4	2,907.6	317.1
	매출액(D)	22,970	29,089.8	32,516.8	37,153.1	40,115
평균%	운전자본증가율		27.9%	6.2%	−25.5%	−89.1%
평균%	매출액증가율		26.6%	11.8%	14.3%	8.0%
C/D×100	비율	12.5%	12.6%	12.0%	7.8%	0.8%
	운전자본비율평균			9.2%		

운전자본은 3,000억 원 수준으로 매출액 대비 7% 수준이다. 매년 매출액이 늘어나고 있음에도 운전자본은 비슷한 수준을 유지하고 있어서 이 부분을 더해줄 필요는 없을 것으로 보인다.

3) 연결에 빠진 계열사 이익

매도가능 금융자산은 7.7억 원 수준으로 호텔신라의 주주이익에 영향을 주지 않는다.

4) 자본총액은?

2016년 6,615억 원으로 전년도 7,439억 원에 비해 800억 원가량 자본이 감소했고, 2017년도 비슷한 수준을 보여주고 있다. 자본을 조정해보자면 유형자산의 가치가 저평가 된 것으로 보인다. 신라호텔은 호텔의 경우 소유, 신라스테이는 임차해서 운영 중이므로 서울, 제주 호텔의 가치만 측정하면 이 부분의 자산을 조정할 수가 있다. 르네상스호텔이 1.1조 원의 평가를 받았으나 노후된 건물가격은 제외하고 부지가격 정도로 헐값에 6,000억 원에 넘어간 사례를 비교해 계산해보자. 르네상스호텔은 부지 매입 후 건물을 부수고 새로 짓고 있다. 서울, 제주도 호텔 부지는 각 9만㎡ 정도고, 르네상스는 1만 3,000㎡ 다. 위치가 강남과 동대문인 점, 부지면적의 차이, 건물 가치, 노후도의 차이를 고려해볼 때, 재무제표상의 토지 2,000억 원, 건물 3,800억 원 총 5,800억 원은 너무 낮게 잡힌 것으로 보인다. 아무리 할인을 해도 제주시 면세점 건물까지 포함해서 최소 1조 원 이상의 가치는 있는 것으로 본다. 자본은 4,000억 원을 더해줘 총 1조 615억 원이 된다. 그래도 현 주가는 PBR 4 수준으로 높은 편이다.

5) 내재가치는?

주주이익은 2017년의 기본주주이익 318.2억 원을 그대로 넣어주고, 할인율도 가장 우량등급으로 반영했다. 자본효율은 3%, 자본배수는 0.5로 매력적이지 않다.

할인율	6%
자본효율(ROE)	3%
자본효율/할인율 = 자본배수	0.5
조정자본총액(원)	1조 681억
주식 수(총 주식-자사주)	37,113,121
주당 내재가치(원)	14,290

주당 내재가치는 14,290원이다. 현 주가가 10만 원인 것을 비교해 볼 때 내재가치 대비 주가가 7배로 투자하기에 너무 비싼 금액이다. 사드문제로 주가가 급락했을 때도 주가는 3.5배 수준으로 이 주식을 싸게 사는 것보다 현재의 내재가치가 많이 올라오는 것이 중요하다.

6) 외부영향(환율, 금리, 유가, 업황, 경쟁) 분석

면세점이라는 사업을 현재 공격적으로 확장 중이기 때문에 당장의 이익이 적은 것은 그리 중요한 것이 아니다. 앞으로 얼마나 면세점을 해외로 넓혀 나가느냐가 성장에 가장 큰 문제로, 이에 성공한다면 주주이익은 급속도로 증가할 것이다. 환율이 오르면 관광객이 더 많이 한국을 방문하므로 환율이 오르는 편이 좀 더 유리하고, 유가가 오르는 추세라 항공비용 증가로 관광객 증가세가 줄어들 여지가 있어 환율과 유가 모두 우호적인 상황이 아니다. 호텔업계는 치열한 경쟁 중인 상태이나 다행인 점은 호텔 비중이 낮다는 점이고, 면세점의 이익이 대부분을 차지한다는 점에서 관광객 증가세가 가장 중요하다.

향후 중국 관광객이 회복되면 기본적인 이익이 다시 확보될 것이고, 아시아 주요 공항에 신설되고 있는 면세점은 다시 한 번 매출이 몇 단계 도약하는 계기가 될 것이다. 매출이 어느 정도 신장되고, 이익 성장이 눈에 들어올 때 투자 진입을 고려해보자.

7) CEO 능력과 도덕성

CEO의 능력은 두말하면 서러울 정도로 국내 CEO 중 톱클래스 수준이다. 호텔신라를 이만큼 키워놓은 데는 이부진 대표의 능력이 절대적이었다고 과언이 아니다. 남다른 비즈니스 감각과 넓은 인맥은 앞으로 이 기업이 어디까지 성장할지 모를 정도의 기대감을 갖게 한다. 어쩌면 현재의 높은 주가는 이 기대감이 반영돼 있는 것일 수도 있다. CEO의 능력만큼은 의심의 여지가 없다.

2 : 한화갤러리아타임월드

1) 기본 주주이익

단위 : 억 원

	구분	2013년	2014년	2015년	2016년	2017년
A	당기순이익	122	245	85	−186.5	−106.8
B	유형자산 감가상각비	77.5	63.6	77	169.6	188.3
	무형자산 상각비					
C	CAPEX	103	49	465	315	99
A+B−C	기본주주이익	96.5	259.6	−303	−331.9	−17.5

서울 면세점 오픈 후 매출은 2배나 늘었지만 역으로 인수 후부터 적

자기업이 됐다. 2017년에는 CAPEX도 정상 수준으로 내려왔음에도 불구하고 적자를 또 기록했다는 것은 이유를 찾아볼 만하다. 이유를 보니 판매 및 관리비가 1,000억 원이나 증가했고, 그 중에서도 지급수수료가 700억 원이나 증가해서 2년 연속 1,000억 원을 기록했다. 2016년, 2017년 2년간 매출 총 이익이 2,000억 원인데 지급수수료가 1,000억 원이라는 것은 면세점의 영업방식에 의문이 드는 점이다.

보통 외국관광객을 면세점으로 데리고 오는 여행사에게 리베이트 형식으로 지급수수료를 부과하는데 관광객 유치를 위해서 과잉 지급을 하고 있지는 않나 추측이 된다. 일반적으로 백화점의 지급수수료는 매출 총 이익의 20~25% 선이다. 한화갤러리아타임월드의 경우 면세점의 매출이 56%, 백화점의 매출이 44%인데 이 비중을 생각할 때, 지급수수료가 너무 많이 나가고 있다는 점에 주목해야 한다. 면세점이 안정화 되고, 지급수수료가 낮아지면 연간 700억 원 수준의 순이익이 발생할 수 있지 않을까 예상한다.

2) 운전자본 증가분

단위 : 억 원

	구분	2013년	2014년	2015년	2016년	2017년
A 유동 자산	매출채권	84.8	95	107.9	139.1	144.9
	미수금	3.4	5.4	15	87.8	96.9
	미수수익	1.4	0.1	0.2	0.1	0.2
	선급금		2.8	0.7	3	1.9
	선급비용	3	2.1	3.6	50.5	3
	기타	101.1	62.7	589	27	300.4

	구분	2013년	2014년	2015년	2016년	2017년
A 유동자산	이연법인세자산					0.1
	재고자산	17	66.5	138.1	345.1	380
B 유동부채	매입채무	549.3	579	670.2	737.4	747.7
	미지급금	263.4	258.7	604.6	382.4	369.4
	선수금	62.9	59.8	49	55.5	50.9
	예수금	36.7	17.2	7.4	9.4	4.8
	미지급비용	0.2		0.1	0.6	2.6
	보증금					
	이연법인세부채	49.1	44	11.9		
	기타유동부채	9	9.7	9.9	17.4	27.5
A-B	운전자본(C)	-759.9	-733.8	-498.6	-550.1	-275.5
	매출액(D)	1,249	1,603	1,689	2,848	3,307
평균%	운전자본증가율		-3.4%	-32.1%	10.3%	-49.9%
평균%	매출액증가율		28.3%	5.4%	68.6%	16.1%
C/D×100	비율	-60.8%	-45.8%	-29.5%	-19.3%	-8.3%
	운전자본비율평균			-32.8%		

운전자본은 위의 표도 마이너스가 나오고, 단순식인 매출채권+재고자산-매입채무로 해도 5년 연속 마이너스가 나온다. 이것으로는 운전자본 추측을 할 수 없고, 주주이익에 반영하지 않아도 된다.

3) 연결에 빠진 계열사 이익

매도가능 금융자산 중 이 기업에 영향을 끼칠 만한 것들은 없다.

4) 자본총액은?

이 기업의 자산 핵심은 대전 둔산동 최고 노른자 땅에 위치한 부지와 건물이다. 이 건물과 부지의 가치가 1,300억 원에 장부가로 잡혀 있다. 최근 인천의 롯데백화점 2곳이 매물로 나왔는데 최대 3,000억 원 선으로 잡혔다. 매출 수준이 갤러리아가 더 우수하고, 위치도 대전에서 절대적인 부분을 고려할 때 프리미엄을 없애도 최소 1,000억 원은 더 얹어야 할 것으로 보인다. 그러면 조정자본은 3,409억 원이 된다.

5) 내재가치는?

사업의 규모와 업계 순위를 고려할 때 가산금리를 더해 할인율을 7%로 잡고, 마이너스 순이익을 넣으면 내재가치도 마이너스로 나온다. 가치를 구할 수가 없다.

아직 이르기는 하지만 지급수수료가 정상화 돼서 순이익이 700억 원을 유지한다고 가정을 해보면 놀라운 결과를 만난다.

할인율	7%
자본효율(ROE)	20.5%
자본효율/할인율 = 자본배수	2.93
조정자본총액(원)	3,409
주식 수(총 주식-자사주)	5,898,231
주당 내재가치(원)	89,155

현 주가 50,000원은 내재가치의 절반 수준밖에 되지 않는다. 50% 세일을 하고 있는 셈이다. 면세점으로 성장동력을 더했고, 기존의 자산가치가 높아 PBR은 1 이하, ROE는 20% 이상으로 매력적인 기업이 된다.

6) 외부영향(환율, 금리, 유가, 업황, 경쟁) 분석

중국 관광객이 회복되느냐가 가장 큰 관건이다. 우리나라 관광객의 상당 부분을 중국 관광객이 차지하고 있고, 단체 관광객의 면세점 구매력은 절대적이다. 매출과 이익 회복이 필요하고, 환율과 유가는 현재 유리한 상황이 아니다. 백화점의 특성상 매출부진이 지속되고 있어 사양산업으로 진입한 상황에서 온라인 판매망을 보유하지 못한 이 기업에게는 리스크로 작용한다. 신성장 동력으로 면세점을 택한 것은 칭찬할 일이지만 조금 더 다음 먹거리를 확보하려는 노력이 필요하다.

7) CEO 능력과 도덕성

현재 CEO는 한화역사(서울역) 매출을 신장시킨 능력을 인정받아 이 기업에 부임했고, 사양산업에 진입한 백화점의 문제를 타개하기 위해 매출이 급성장하는 면세점 인수전에 뛰어들어 신성장 동력을 2개나 확보했다. 면세점은 백화점 운영 노하우를 바탕으로 잘할 수 있는 사업으로 지속적으로 면세점 확보를 통해 매출을 늘려 나가는 전략을 펼칠 것으로 기대된다. 현재까지 우수한 능력을 보여주고 있고, 주주 이익 증대를 위해 노력할 것으로 예상된다.

호텔신라와 한화갤러리아타임월드 어디에 투자해야 할까?

두 기업 모두 미래가 기대되는 좋은 기업들이다. 앞으로의 확장성, 성장성, 해외 진출 등을 생각하면 호텔신라가 월등히 높은 성장을 보여줄 것으로 기대되나 문제는 주가가 너무 고평가 상태라는 점이다. 명품은 맞지만 누구나 갖고 싶어 하는 명품으로 경매 시작가보다 7배나 높게 가격이 뛴 느낌이다. 아쉽지만 포기하는 것이 낫다.

반대로 한화갤러리아타임월드는 현재 사양산업인 백화점과 면세점을 하면서 적자까지 겹쳐 매력이 없어 보인다. 그러나 면세점 이익이 정상화 되면 그 이상으로 올라갈 가능성이 높다. 물론 지급수수료에 대해서 정밀 분석이 필요하다. 만약 과다한 상태로 일반 면세점 수준으로 지급수수료가 내려간다면 지금 가장 쌀 때 투자하는 것이 맞다.

📈 검색의 제왕 : 네이버 VS 카카오

일상생활에 네이버와 카카오가 없다면 과연 상상할 수 있을까? 이미 두 기업은 사람들의 생활과 밀접해져 뗄 방법이 없어졌다. 생필품이라고 봐도 과언이 아닐 정도다. 예전에는 수많은 사이트와 SNS들이 있었지만 이제 네이버와 카카오 두 기업으로 굳혀졌다. 다음이 네이버에 점유율을 천천히 잠식당하고 있었으나 카카오와의 합병으로 인해 한 치 앞도 예상할 수 없는 수준이 됐다. 과연 네이버와 카카오 어디에 투자하는 것이 더 옳은 일일까?

1 : 네이버

1) 기본 주주이익

단위 : 억 원

구분		2013년	2014년	2015년	2016년	2017년
A	당기순이익	18,953	4,518	5,170	7,591	7,701
B	유형자산 감가상각비	1,156.2	1,317.4	1,425.3	1,456.5	1,826.7
	무형자산 상각비	160.7	123.4	134.5	173	235.8
C	CAPEX	3,796	2,713	1,208	1,538	4,722
A+B-C	기본주주이익	16,473.9	3,245.8	5,521.8	7,682.5	5,041.5

네이버의 매출은 경이로울 정도다. 매년 19% 정도 성장하고 있고, 순이익도 그에 화답하듯 계속 높아지고 있다. 그러나 2017년도에는 당기순이익이 정체되면서 주주들에게 꿈을 심어주지 못했는데 CAPEX가 3,000억 원이나 증가한 것을 볼 수 있다.

그래서 유형자산 변동내역을 더 세밀하게 봤다. 작년보다 토지 670억 원, 건물 705억 원, 기계장치 1,600억 원, 비품 440억 원, 건설 중인 자산에 700억 원 등 작년보다 3,000억 원 이상이 들어갔다. 이것들을 종합하면 현재 건물을 짓고 있고, 비품과 서버장비를 설치하고 있다고 보면 된다. 즉, 신사옥을 짓고 있는 것으로 추정되고, 뉴스를 검색하면 신사옥이 2020년에 완공이라는 것을 알 수 있다. 그러면 완공 시 자산이 되므로 이것은 일회성 비용으로 보고 CAPEX 3,000억 원을 뺀 돈을 당기순이익으로 넘기면 조정된 주주이익은 1조 1,000억 원으로 보는 것이 맞다. 이러면 자본 증가금과 주주이익이 비슷하게 나온다.

5-3 | 네이버 유형자산 변동내역

당기

(단위 : 천 원)

구분	토지	건물	구축물	기계장치
기초 순장부금액	218,663,488	353,513,070	51,429,272	139,460,097
일반취득 및 자본적 지출	6,715,322	7,057,999	17,273	262,880,390
사업결합으로 인한 취득	–	75,892	–	1,027,224
감가상각	–	(14,636,809)	(9,095,737)	(117,712,471)
처분 및 폐기	–	–	–	(817,399)
종속기업 처분	–	–	–	–
기타(*)	–	27,263,789	30,536,160	(5,447,661)
기말 순장부금액	225,378,810	373,273,941	72,886,968	279,390,180

구분	차량운반구	비품	기타의 유형자산	건설 중인 자산	합계
기초 순장부금액	325,719	57,536,625	13,273,815	29,056,312	863,258,398
일반취득 및 자본적 지출	659,940	75,296,156	22,560,811	108,210,117	483,398,008
사업결합으로 인한 취득	1	1,198,635	1,361,523	125,146	3,788,421
감가상각	(162,392)	(33,818,061)	(7,247,865)	–	(182,673,335)
처분 및 폐기	(142,177)	(3,155,053)	(1,846,748)	–	(5,961,377)
종속기업 처분	–	(1,737,725)	(117,218)	–	(1,854,943)
기타(*)	(6,916)	(784,636)	(1,725,758)	(59,777,451)	(9,942,473)
기말 순장부금액	674,175	94,535,941	26,258,560	77,614,124	1,150,012,699

2) 운전자본 증가분

단위 : 억 원

구분		2013년	2014년	2015년	2016년	2017년
A 유동자산	매출채권	2,312.7	3,135.5	4,059.5	4,754.4	6,215.4
	미수금	877.8	1,008	1,132.9	2,183.6	3,925.7
	미수수익	54.1	72	73.8	133.7	90.9
	선급금	23.3	16.9	29	94.2	168.3
	선급비용	256.7	362.7	326	624.3	818.6
	기타	15.4	5.8	13.7	8.1	105.4
	이연법인세자산					11
	재고자산		165.2	155.1	103.5	362
B 유동부채	매입채무					
	미지급금	1,557.6	3,146.2	3,732.4	4,247.7	5,435.6
	선수금		79.3	4.4	2.9	9.6
	예수금	971.6	880.4	1,404.2	3,090.1	4,750.5
	미지급비용	1,098.6	1,490.5	1,749.5	2,467.6	2,262.1
	보증금	13.1	24.4	482.9	463.5	59
	이연법인세부채	1,224.5	1,544.5	1,789.4	2,391.1	3,057.3
	기타유동부채	1,027.3	1,500.9	2,492.5	3,103.1	3,842.8
A-B	운전자본(C)	-2,352.7	-3,900.1	-5,865.3	-7,864.2	-7,719.6
	매출액(D)	23,120	27,585	32,539	40,226	46,784.7
평균%	운전자본증가율		65.8%	50.4%	34.1%	-1.8%
평균%	매출액증가율		19.3%	18.0%	23.6%	16.3%
C/D×100	비율	-10.2%	-14.1%	-18.0%	-19.6%	-16.5%
	운전자본비율평균			-15.7%		

인터넷 기업의 경우 전통 사업모델과 방식이 다르기 때문에 운전자본은 의미가 없었으나 미지급금의 비율이 5,000억 원가량으로 급속히 증가했다. 이는 쇼핑몰을 운영하게 되면 나타나는 특징으로 티몬과 쿠팡에서도 이런 특징이 드러난다.

그래서 단순하게 매출채권+재고자산−매입채권으로 구해보면 운전자본이 2013년보다 3배나 증가한 것으로 볼 수 있다. 운전자본 증가율이 연평균 30%나 늘어나고 있고, 이를 인식하고 있을 필요는 있다. 그러나 현재 마이너스 상태이므로 주주이익에 반영하지는 않았다.

3) 연결에 빠진 계열사 이익

네이버는 수많은 계열사를 보유한 회사로 다양한 종속, 관계기업이 있다. 매도가능 금융자산 중 주식 가치는 2,000억 원이 넘지만 이 중에 연결이익으로 잡을 만한 기업은 없다.

4) 자본총액은?

현 자본은 5조 3,000억 원으로 작년에 비해 1조 원 넘게 올랐다. 부동산 가치는 신사옥이 완성되면 기업이 평가한 금액보다는 더 올라갈 것으로 보이나 아직 완성되지 않았으므로 반영하지 않도록 한다.

5) 내재가치는?

업계 1위 인터넷 기업이므로 할인율은 초우량기업과 동일하게 6%를 적용했다. 자본효율은 20.8%나 될 정도로 성장성이 높다. 그래서 자본배수는 3.47로 높게 나왔다. 그만큼 성장성이 높은 기업이라 앞으로 주주이익이 급격히 늘 것을 예상할 수가 있다. 자사주를 뺀 주식 수를 입력해서 주당 내재가치 55.8만 원을 구했다.

할인율	6%
자본효율(ROE)	20.8%
자본효율/할인율 = 자본배수	3.47
조정자본총액(원)	5조 3,052억
주식 수(총 주식-자사주)	32,962,679
주당 내재가치(원)	558,283

현 주가가 74만 원인 것을 볼 때, 지금의 내재가치 대비 주가는 40% 높게 평가된 것으로 보인다. 그래서 지금 매입하기에는 부담이 간다. 2016년 초에 주가가 내재가치 수준으로 낮아진 적이 한 번 있었는데 그때가 매수할 수 있는 찬스였다. 워낙 성장성이 높고, 운전자본이 거의 안 드는 인터넷 기업인 점, 해외 사업 등으로 매출이 더 성장할 여지가 많은 점으로 볼 때 내재가치 수준에서 매입해도 꽤 괜찮은 수익률이 예상된다.

6) 외부영향(환율, 금리, 유가, 업황, 경쟁) 분석

인터넷 기업은 정말 좋은데 강력한 경쟁자 등장이 제일 염려스럽다. 수많은 포털사이트와 SNS 기업들이 사라졌듯이 거의 유일하게 남은 네이버와 카카오가 둘 다 살아남을지, 둘 중에 하나만 살아남을지 예상하기 어렵다. 그래서 둘 다 모두 생활과 밀접한 서비스를 제공해서 도저히 다른 사이트나 어플이 이를 대체할 수 없도록 만들고 있다. 사물인터넷, 유비쿼터스 등 아무리 과학이 발전해도 네이버가 그 중심에 있을 확률이 높다. 그런 의미에서 오랜 기간 생존을 유지할 것으로 예상한다.

7) CEO 능력과 도덕성

네이버를 17년 넘게 쓴 고객이고, 관심 있게 지켜본 결과 앞으로 마이크로소프트 같은 기업이 될 수도 있다고 생각한다. 그 중심에는 경영자의 능력이 있는데, 기업의 생존을 위해 혁신적인 시도를 하고, 성과를 이뤄내는 모습이 네이버가 장수할 수 있는 기업이라는 믿음을 심어주고 있다.

2 : 카카오

1) 기본 주주이익

단위 : 억 원

	구분	2013년	2014년	2015년	2016년	2017년
A	당기순이익	614	1,498	788	655	1,251
B	유형자산 감가상각비	65.7	171.5	491	561.9	607.3
	무형자산 상각비	1.7	59.1	262.9	575.8	690.9
C	CAPEX	133	128	761	810	752
A+B-C	기본주주이익	548.4	1,600.6	780.9	982.7	1,797.2

2014년 10월에 다음과 카카오가 합병을 해서 매출이 급성장하는 모습이다. 2015년에 비해 2016년 매출이 50% 이상 증가, 2017년에는 35% 증가, 영업이익은 올해 42% 증가한 모습으로 급격한 성장세를 보여주고 있다. 실제 주주이익은 올해만 2배 가까이 껑충 뛰어올랐다. 현재 다양한 어플로 사람들의 생활에 밀접하게 인프라를 구축하는 중이라 순이익에 다 반영되지 않았음에도 기업의 실적이 빠르게 좋아지고 있음을 알 수 있다.

2) 운전자본 증가분

단위 : 억 원

구분		2013년	2014년	2015년	2016년	2017년
A 유동 자산	매출채권	495.6	1,311.5	1,471.2	2,529	1,792.4
	미수금	40.3	210.7	563.3	771.8	1,279.3
	미수수익	9	15.9	19.7	18.7	32.5
	선급금	0	24.7	208.3	464.9	709.4
	선급비용	14.7	220.9	188.9	180.9	207
	기타	9.9	0.6			
	이연법인세자산			1.5	1.7	4.8
	재고자산		20.2	53.5	125.6	215.6
B 유동 부채	매입채무				954.6	1,082.6
	미지급금	136.7	1,091.3	895.1	1,676.7	1,721.2
	선수금					
	예수금	76.1	389.8	253.2	428.4	1,024.4
	미지급비용	77.4	54.4	36.7	172.3	422.5
	보증금		13.6	11.5	13.5	

B 유동 부채	이연법인세부채	0	206.8	294.5	309.4	1,151.2
	기타유동부채	68.5	518.5	1,363.2	2,392.1	3,221.1
A-B	운전자본(C)	210.8	−469.9	−347.8	−1,854.4	−4,382
	매출액(D)	2,108	4,989	9,322	14,642	19,723.3
평균%	운전자본증가율		−322.9%	−26.0%	433.2%	136.3%
평균%	매출액증가율		136.7%	86.9%	57.1%	34.7%
C/D×100	비율	10.0%	−9.4%	−3.7%	−12.7%	−22.2%
	운전자본비율평균			−7.6%		

운전자본은 점점 마이너스가 커지고 있는데 유동부채가 증가하고 있는 것으로 보인다. 하지만 네이버와 비슷한 상황으로 큰 의미가 없어 보인다.

3) 연결에 빠진 계열사 이익

매도가능 금융자산 중 주식으로 가치가 있는 부분은 ㈜한국카카오 300억 원과 ㈜에프엔씨엔터테이먼트 100억 원인데 신설법인이라 이에 대한 이익을 아직 자세히 알 수는 없고, 본래의 사업에 비해 규모가 작은 편이라 연결이익에 배제했다.

4) 자본총액은?

인터넷 기업은 기업의 특징상 자본을 조정할 만한 것이 없다. 그래서 기존 자본에 수정을 하지 않았다.

5) 내재가치는?

카카오는 이익이 크게 늘었음에도 네이버와 다르게 자본효율이 기대보다 낮게 나온다. 순이익이 증가했지만 자본이 워낙 크다 보니 효율적인 사업이 안 되는 모습이다. 그만큼 현재 경쟁이 치열한 상태라고 볼 수 있다. 2016년의 수익성은 정체현상을 고려해서 할인율 7%로 검토했을 때, 자본배수는 0.38, 내재가치는 2만 원이 나왔으나 올해는 성장성을 보여줬고, 할인율 6%로 기업이 안정적이라 봤다. 올해는 주당 내재가치가 작년보다 2배가 됐지만 아직도 자본 대비 순이익이 낮은 편이다.

할인율	6%
자본효율(ROE)	4%
자본효율/할인율 = 자본배수	0.66
조정자본총액(원)	4조 5,078억
주식 수(총 주식-자사주)	67,903,339
주당 내재가치(원)	44,112

현 주가는 내재가치 대비 2.5배 가격으로 거래되고 있다. 앞으로의 성장성과 이익이 시작될 것이라는 기대가 꽤 큰 것으로 해석된다. 현 주가 대비 PBR은 2배 수준으로 네이버의 4.5배보다는 낮은 편이다. 둘의 자본의 크기는 비슷한 편인데, 현금을 벌어들이는 액수가 4배나 차이가 나다 보니 발생되는 상황이다. 하지만 인터넷 업종 특성상 매출과 순이익이 언제든지 뒤바뀔 수 있기에 불안정한 내재가치라고 볼 수 있다.

6) 외부영향(환율, 금리, 유가, 업황, 경쟁) 분석

카카오톡과 네이버의 라인 모두 동남아시아에서 인기몰이를 하고 있다. 이 두 메신저의 강점은 한번 습관이 되면 다른 것으로 대체하기 어렵다는 점이다. 물론 네이트온, 싸이월드의 전철을 밟을 수도 있겠지만 모바일을 기반으로 한다는 점에서 대체불가가 될 가능성이 높다. 그리고 쇼핑과 페이까지 진출해 생활과 밀접도를 더 높이고 있다는 점, 카카오의 경우 은행을 출범시켜 금융사업으로 수익까지 모색하고 있는 점, 택시, 대리운전, 게임 등 다양한 콘텐츠를 지닌 점 등은 무한한 가능성이 있음을 보여주고 있다. 당분간 새로운 경쟁자는 없을 것으로 판단되고, 네이버와 카카오의 점유율 싸움이 시작됐을 때 누가 생존하는지가 큰 변수로 작용할 것으로 보인다.

7) CEO 능력과 도덕성

35세의 젊은 CEO에게 시총 7조 원짜리 기업을 맡겨 보는 시도를 했으나 2년 3개월 만에 새로운 CEO로 교체하게 됐다. 광고와 디자인 전문가를 공동 CEO로 선임하며 창조적인 혁신을 기대하는 것으로 보인다. 카카오가 크게 된 계기가 이모티콘과 배경디자인에 있었던 만큼 이를 중요시 여기는 것으로 보이고, 광고 전문가를 CEO로 내세웠다는 것은 브랜드 가치 상승과 수익의 연결을 주문한 것으로 추측된다. 이제 카카오는 성장과 수익 모두를 보여줄 수 있을까?

네이버와 카카오 어디에 투자해야 할까?

둘 다 앞으로의 성장성은 상상의 범위를 초월한다. 주력사업이 어떻게 변할지, 얼마나 또 생활에 밀접한 콘텐츠를 만들어낼지 기대가 되고 설레는 기업들이다. 다만 이를 수익으로 보여줄 수 있느냐가 주주 입장에서는 중요하다. 급격한 매출 성장은 둘 다 모두 보여주고 있으나 수익으로 내는 성과는 네이버가 먼저 보여줬다. 그래서 자본효율이 더 높게 나왔다. 다만 네이버는 그만큼 PBR 4배 이상으로 높게 형성돼 있는데 카카오는 PBR 2배 정도로 자산 대비 고평가는 아니다.

주당 내재가치를 고려하고, 시장점유율과 규모, 브랜드 가치를 고려하고도 상대적으로 더 싼 네이버에 투자하는 것이 맞다는 생각이다. 다만 현재 주가는 75만 원으로 내재가치보다 40% 정도 비싼 편이나 기업의 수익성 증가속도를 볼 때, 지금보다 더 싸게 매수할 수 있는 기회가 올지 모르겠다. 버핏도 고성장 기업은 내재가치보다 좀 더 비싸게 주더라도 과감히 매수했다. 결국 기업의 실적이 급성장하며 내재가치보다 주가가 더 높아졌다. 네이버가 한국에서는 몇 안 되는 이런 기업이 아닐까 생각된다.

정유의 제왕 : S-Oil VS SK이노베이션

2016년까지 정유업종은 힘든 길을 걸었으나 2017년부터 유가가 오르면서 업황이 좋아지는 추세로 돌아서기 시작했다. 유가만 알면 정유업종의 미래를 예측할 수 있어서 사업구조가 단순해 투자가 쉬운 종목 중 하나다. 정유업종 중 대표적인 상장회사인 S-Oil과 SK이노베이션의 재무제표를 보면서 앞으로 전망은 어떨지, 투자 가치는 있는지 알아보자.

1 : S−Oil

1) 기본 주주이익

단위 : 억 원

	구분	2013년	2014년	2015년	2016년	2017년
A	당기순이익	2,896	−2,878	6,313	12,053.6	12,464.9
B	유형자산 감가상각비	3,612.4	3,315.7	2,642.3	2,784	2,853.7
	무형자산 상각비	65.9	81.4	89.6	83.4	88.1
C	CAPEX	4,462	3,123	1,544	5,236	24,141
A+B−C	기본주주이익	2,112.3	−2,603.9	7,500.9	9,685	−8,734.3

기복이 심한 주주이익을 보여준다. 유가가 높을 때와 낮을 때, 유가 급등, 급락에 따라서 마진, 판매가, 재고이익 등으로 인해 순이익이 널뛰기를 하는 것이 정유업종이다. 그래서 업황이 가장 안 좋을 때 투자하면 확실히 수익을 낼 수 있는 업종이 정유업종이기도 하다. 이제 긴 터널을 지나 좋아질 일만 남은 것으로 보인다. 2017년 순이익은 작년 수준으로 2년 연속 1.2조 원을 기록했다.

하지만 이 기업의 경우 CAPEX가 들쭉날쭉하면서 주주이익도 적자와 흑자를 오가고 있다. 당기순이익이 1.2조 원이 넘는데 CAPEX는 2.4조 원이 나온다는 것이 말이 되지 않는다. 정유업은 초기에 설비장치만 잘해놓으면 큰 투자비가 들어가지 않는다. 2013년에서 2014

년의 1,500~3,500억 원 사이가 적정한 수준의 CAPEX일 것이다. 2016년부터 CAPEX가 급격히 늘어났는데 현재 고도화 설비에 4.8조 원을 투자한 상황이다. 자기자본만큼 엄청난 금액을 투자를 하고 있는데 이 고도화 설비를 마치면 원유에서 고부가가치 제품이 나오는 비율이 20%에서 30%대로, 그동안 업계 최저비율을 탈피하게 된다. 이로 인해 얻어지는 순이익이 꽤 상승할 것으로 예상된다.

그리고 CAPEX를 분석해보면 건설 중인 자산으로 매년 5~6,000억 원가량 들어가고 있고, 2017년에 2조 원이 들어갔다. 현재 4.2조 원으로 계획했던 고도화 설비 투자 금액이 4.8조 원에 다다르고 있다. 이 비용은 지속적으로 들어가는 비용이 아니므로, 평년 CAPEX 3,500억 원 수준으로 고려해서 주주이익을 조정하면 9,000억 원이 된다. 공사가 마치면 순이익은 늘고, CAPEX는 급감소하므로 주주이익은 또 한 번 크게 상승할 것으로 보인다.

2) 운전자본 증가분

단위 : 억 원

	구분	2013년	2014년	2015년	2016년	2017년
A 유동 자산	매출채권	21,601.9	15,240.6	10,308.8	11,546.1	15,387.6
	미수금	5,463.3	5,663.9	2,353.8	1,539.7	2,057.2
	미수수익	34.1	24.7	68.5	173.5	69.6
	선급금		25.6	86.3	42.4	32
	선급비용		70.3	80.8	75.8	68.4
	기타	77.2				
	이연법인세자산		294.4	741.4		2.1

	재고자산	42,379.2	24,154.5	15,987.1	24,234.4	27,907.4
	매입채무	23,286	8,408.5	5,895.3	11,407.3	27,763.7
	미지급금	7,085.9	6,381	9,047.9	10,114.1	10,164.3
	선수금					
B 유동 부채	예수금	33.4	37.4	50.2	54.3	92.9
	미지급비용	52.1	60.4	63.7	114.2	172.4
	보증금	42.2	48.9	46.8	18	18
	이연법인세부채	232.6		70.7	3,482.6	2,574.5
	기타유동부채	1,202.8	1,367.6	1,056.1	1,169.1	1,319.2
A-B	운전자본(C)	37,621	29,170	13,396	11,252	3,419
	매출액(D)	2,108	4,989	9,322	14,642	19,723.3
평균%	운전자본증가율		-22.5%	-54.1%	-16.0%	-69.6%
평균%	매출액증가율		136.7%	86.9%	57.1%	34.7%
C/D×100	비율	1,784.7%	584.7%	143.7%	76.8%	17.3%
	운전자본비율평균			521.4%		

전통적으로 단위가 큰 사업이다 보니 운전자본만 범위가 조 단위다. 엄청난 자본을 보유하고 있지 않는 한 정유사업에 뛰어들기는 어렵다. 2017년에 운전자본이 갑자기 8,000억 원이나 줄어든 이유는 매입채무가 1.6조 원이 증가했기 때문이다. 즉, 고도화 설비에 현금이 투입되는 공사대금이 매입채무로 이뤄졌을 가능성이 높다. 현재 이런 대규모 공사에도 이 기업은 부채를 늘리지 않고 있다. 기업의 현금흐름으로 공사를 완성시키겠다는 의지가 보인다. 하지만 기본적으로 조 단위의 운전자본이 필요한 것만은 사실이다.

3) 연결에 빠진 계열사 이익

크게 영향을 주는 매도금융가능자산은 없는 것으로 보인다.

4) 자본총액은?

자본은 6조 8,426억 원이다. 작년에 5,000억 원이 늘었고, 재작년에는 1조 원이 늘었다. 사업의 규모가 크다 보니 자본이 조 단위로 늘어나기도 한다. 최근 들어 4.8조 원의 고도화 설비 투자에 따라 대부분의 자본이 유형자산으로 쏠리고 있는 모습이다. 자본을 크게 조정할 부분은 없어 보인다.

5) 내재가치는?

할인율 6%, 자본효율 13.2%로 높은 성장성을 보여준다. 순수한 당기순이익으로만 내재가치를 구했을 경우 18만 원이 나오지만 좀 더 보수적으로 보고, 이전에 구한 주주이익 9,000억 원으로 계산을 해봤다. 만약 고도화 설비가 끝나고 업황이 이 추세로 좋게 유지된다면 현금흐름은 더욱 좋아져 자본효율은 20% 이상, 자본배수는 3, 내재가치는 20만 원이 넘을 것으로 예상된다.

내재가치에 비해 현 주가 11만 5,000원은 약 10% 할인된 가격으로 충분히 매수해볼 만한 가격대다. 여기에 고도화 설비와 업황호조로 당기순이익이 2조 원을 기록하면 주당 내재가치 대비 현 주가는 50%나 할인된 가격으로 엄청난 바겐세일로 볼 수 있다.

할인율	6%
자본효율(ROE)	13.2%
자본효율/할인율 = 자본배수	2.19
조정자본총액(원)	6조 8,426억
주식 수(총 주식-자사주)	112,582,792주
주당 내재가치(원)	133,235

6) 외부영향(환율, 금리, 유가, 업황, 경쟁) 분석

유가에 의해 가장 큰 영향을 받는 것이 정유업이다. 유가가 천천히 오르는 것이 주주이익에 가장 좋다. 현재 그렇게 진행 중이고, 이익 증가가 예상된다. 국제경기가 좋아져야 정유제품의 소비가 늘어나므로 금리가 조금씩 올라간다는 것은 경제가 조금씩 풀리고 있다는 신호다. 정유업종의 대세 상승이 한 번 올 것으로 보인다. 현대오일뱅크의 상장이 있는 시기를 전후해서 정유주가 한 번 더 주목을 받을 예정이다.

7) CEO 능력과 도덕성

운전자본을 보면서 CEO가 유가 상황에 맞게 기업이 손해를 보지 않도록 잘 대처하고 있다는 것을 느낄 수 있었다. 불리한 상황이 오면 매출, 재고자산을 줄이고, 매출회전속도를 줄이면서 최대한 적자를 막으려고 노력한 흔적이 보였다. 그리고 이 회사의 대주주가 아람코(Aramco)로 석유에는 통달한 사람들이 대주주다. 원유 수급과 공급에 대해서는 누구보다 빠삭한 사람들이므로 믿고 맡길 만하다. 고배당을 하는 주주친화 정책도 만족스럽다. 고배당을 하면서도 이렇게 자본을 늘려가는 모습은 이 기업이 사업을 꽤 잘한다고 볼 수 있다.

2 : SK이노베이션

1) 기본 주주이익

단위 : 억 원

구분		2013년	2014년	2015년	2016년	2017년
A	당기순이익	7,787	−5,372	8,677	17,214	21,451
B	유형자산 감가상각비	6,109.8	7,000.8	8,032.3	7,990.6	7,910.3
	무형자산 상각비	583	848.8	1,482.9	1,153	1,090.3
C	CAPEX	27,234	16,351	4,488	6,070	9,384
A+B−C	기본주주이익	−12,754.2	−13,873.4	13,704.2	20,287.6	21,067.6

2014년도는 정유업에서 가장 힘든 시기였다. 그 시기를 지나 이제 이익이 급격히 늘면서 2017년에 2조 원의 순이익을 냈다. 이 기업 또한 CAPEX가 널뛰기를 하는 모습인데 최근 3년 기준으로 보고, 5,000억 원~1조 원 수준으로 보면 될 듯하다. 기본주주이익은 2년 연속 2조 원을 넘겼다.

2) 운전자본 증가분

매출액 대비 운전자본비율이 6.8% 수준으로 S−Oil보다 낮고 안정적이다. 그만큼 적은 자본으로도 사업을 잘한다는 것을 보여주고 있다. 여기서 주목할 것은 2016년 매출이 감소한 것처럼 보이는데 실제

구분		2013년	2014년	2015년	2016년	2017년
A 유동 자산	매출채권	51,381.1	46,311.4	34,772.2	39,369.6	48,213.1
	미수금	9,797.8	8,439.8	4,163.6	3,352.1	4,761.9
	미수수익	62.4	54.8	79.7	71	50.9
	선급금	5,820.4	5,940.9	3,078.2	2,890.3	3,548.3
	선급비용	445.7	593.8	518.6	463.5	476.2
	기타	659.8	1,417.2	1,314.1	1,299.1	1,820.4
	이연법인세자산	187.9	765.8	120.2	203.5	376.8
	재고자산	70,800.1	52,187.3	35,598	44,452.6	59,786.3
B 유동 부채	매입채무	60,308.1	44,167.9	27,543.3	42,077.1	52,653.1
	미지급금	3,214.5	2,276.1	2,396.4	3,408.7	4,467.5
	선수금	172.8	247	108.7	159.6	134.1
	예수금	7,385.5	6,914.4	6,851	8,262.6	8,414.9
	미지급비용	12,468.1	13,197.3	13,294.7	10,823.7	11,636
	보증금					
	이연법인세부채	1,302.3	1,101.8	2,298.6	3,394.4	4,810.1
	기타유동부채	680.7	921.3	1,199.3	1,155.7	1,371.6
A−B	운전자본(C)	53,623	46,885	25,952	22,819	35,546
	매출액(D)	660,393	658,607	483,563	395,205	462,609
평균%	운전자본증가율		−12.6%	−44.6%	−12.1%	55.8%
평균%	매출액증가율		−0.3%	−26.6%	−18.3%	17.1%
C/D×100	비율	8.1%	7.1%	5.4%	5.8%	7.7%
	운전자본비율평균			6.8%		

로는 SK에너지를 자회사에서 분할시키면서 매출이 감소한 것으로 보이는 것이다. 2014년까지의 운전자본비율과 2015년~2016년의 운전자본비율을 보면 또 큰 격차가 나는 것을 알 수 있는데 분할 이후 운전자본비율은 6%수준으로 사업을 더 영리하게 잘 하는 것으로 볼 수 있다.

3) 연결에 빠진 계열사 이익

본사의 수익이 너무 커서 웬만한 매도금융자산으로는 주주이익에 영향을 주지 못하고 있다.

4) 자본총액은?

특별하게 자본을 조정할 만한 토지나 건물보유자산이 없고, 자본이 너무 커서 이에 영향을 주지도 못한다. S-OIL과 간단하게 비교를 하기 위해 자본조정은 하지 않았다.

5) 내재가치는?

할인율을 6%로 잡으면 자본배수는 1.82가 나오고, 업황에 비해서도 꽤나 높은 수익을 내고 있는 것으로 보인다. 자사주를 뺀 실제 주식 수를 넣으면 주당 내재가치는 38만 원이 나온다.

현 주가 20만 원에 비해 내재가치는 80% 이상 높은 편으로 현재 주가는 헐값에 거래가 되고 있는 셈이다. 정유주의 이익이 기복이 심한 편으로 주가도 벌어오는 이익에 비해 저평가 된 모습이다.

앞으로 장기간 업황이 좋아지면 저평가요소도 사라지면서 큰 폭의 주가 상승이 기대된다.

할인율	6%
자본효율(ROE)	10.9%
자본효율/할인율 = 자본배수	1.82
조정자본총액(원)	19조 3,093억
주식 수(총 주식-자사주)	91,944,399
주당 내재가치(원)	381,890

6) 외부영향(환율, 금리, 유가, 업황, 경쟁) 분석

S−Oil과 마찬가지로 세계경기의 방향과 유가의 흐름만 잘 이해하고 그에 맞게 대응하면 큰 위험을 피할 수가 있다. 그리고 현재의 상황은 정유업종이 더 좋아질 수 밖에 없으므로 정유주에 대한 투자 시기는 지금으로 볼 수 있다.

7) CEO 능력과 도덕성

운전자본에서 볼 수 있듯 사업을 잘 운영하고 있다. 유공 시절부터 오랫동안 정유회사를 이끌었고, 중동과 인맥이 넓고, 석유수급에 있어서 빠삭한 오너와 경영진이 있기 때문에 SK이노베이션도 상당한 경영능력을 보여주고 있고, 앞으로도 뛰어난 모습을 보여줄 것으로 보인다.

S-Oil과 SK이노베이션 어디에 투자해야 할까?

지금 당장 재무제표로 보이는 것은 SK이노베이션이다. 현 주가가 상당히 저평가 돼 있는 상태로 45%가 넘는 안전마진을 확보하고 투자하는 것이기 때문에 손실이 날 가능성이 매우 낮고, 업황이 좋아지고 있어 수익을 낼 가능성은 매우 높은 투자 적기라고 볼 수 있다.

다만 고도화 설비가 완료되는 S-Oil이 얼마나 주주이익에 큰 영향을 줄지 기대가 된다. 당기순이익이 2조 원이 넘는다에 배팅을 한다면 S-Oil에 투자하는 것이 더 큰 수익을 줄 수 있고, 안정적인 수익률을 원하면 SK이노베이션이 낫다. 결론은 둘 다 투자하기 좋다는 뜻이다. 반반 나눠서 투자하는 것을 어떨까?

하늘의 제왕 : 진에어 VS 제주항공

1 : 진에어

1) 기본 주주이익

단위 : 억 원

구분		2013년	2014년	2015년	2016년	2017년
A	당기순이익	42	131	227	393	740.8
B	유형자산 감가상각비	26.3	26.1	27.1	95.7	171.5
	무형자산 상각비	1.7	1	1	1.9	2.4
C	CAPEX	4	5	9	9	77
A+B-C	기본주주이익	66	153.1	246.1	481.6	837.7

저가항공사 중 가장 강력한 경쟁력을 보유한 회사가 진에어와 제주항공이다. 특히, 진에어는 대한항공의 자회사로 표에서 보듯이 2014년부터 폭발적인 성장세를 보여주고 있다. 거의 주주이익이 두 배씩 증가하는 모습이고, 유형자산 감가상각비의 대부분은 항공기 리스에 대한 부분으로, 감가상각비가 2016년부터 갑자기 증가했다는 것은 항공기 대수가 늘었다는 의미와도 같다. 실제로 확인해보면 2015년에 6대, 2016년에 3대, 2017년에 3대로 현재 중대형기 4대와 중소형기 21대를 합쳐 총 25대의 비행기를 보유하고 있다. 비행기 보유대수와 선로가 계속 늘어나고 있다는 것은 매출과 이익이 계속 늘어날 것을 예고하고 있다.

2) 운전자본 증가분

단위 : 억 원

구분		2013년	2014년	2015년	2016년	2017년
A	유동자산	626.9	979.3	1630.4	2150.9	3991.8
B	유동부채	538.7	793.7	1384.1	1853.9	2327.1
A−B	운전자본(C)	88.2	185.6	246.3	297	1664.7
	매출액(D)	2833.3	3510.6	4612.9	7196.7	8883.9
평균%	운전자본증가율	93.4%	110.4%	32.7%	20.6%	460.5%
평균%	매출액증가율	14.5%	23.9%	31.4%	56.0%	23.4%
C/D×100	비율	3.1%	5.3%	5.3%	4.1%	18.7%
운전자본비율평균				7.3%		

운전자본을 유동자산−유동부채로 간결하게 구해보면 운전자본 증

가율과 매출액 증가율이 급격하게 늘고 있는 모습이다. 이전 기업들의 운전자본 증가분을 보면 알겠지만 매출의 증가는 반드시 운전자본의 증가를 동반한다. 그러므로 매출액이 증가하는 만큼 운전자본도 증가하는 비율을 적용해서 실제 이익에서 증가분을 차감해주는 것이 맞다. 2017년을 제외하고 평년에 운전자본비율은 5% 정도였다. 그런데 매출이 급등한 것도 아닌데 운전자본이 급격히 늘어난 이유는 유동자산이 1,800억 원이나 증가한 것이다. 이 부분을 다시 보면 단기금융상품이 1,500억 원 정도 늘어난 것으로 기업의 운전자본과는 전혀 상관이 없는 내역이다. 이렇듯 유동자산-유동부채 등으로 단순히 계산해서는 그 기업의 운전자본을 정확히 파악할 수가 없다.

운전자본은 350억 원 수준으로 보면 될 듯하고, 주주이익에 증가분을 반영할 정도의 크기가 되지 않는 것으로 판단된다.

3) 연결에 빠진 계열사 이익

이 기업의 이익에 영향을 미칠 만한 계열사는 없다.

4) 자본총액은?

2008년에 설립된 이 기업이 보유한 유형자산 중 자본을 조정할 수 있을 만한 자산으로 보이는 것이 없다.

5) 내재가치는?

현재 주가는 3만 원 수준을 유지하고 있고, 주당 내재가치는 46,550원 선으로 현재 주가가 주당 내재가치에 비해 높은 편이다. 자본효율이 36.1%가 나오고, 자본배수가 6이 넘는 환상적인 기업이 현재 30% 할인된 가격으로 판매 중인 셈이다. 매출, 영업이익, 순이익이 매년 꾸준하게 급격히 증가했던 점을 볼 때, 앞으로도 성장이 기대되며 현 주가는 매우 저렴한 것으로 판단된다.

할인율	6%
자본효율(ROE)	36.1%
자본효율/할인율 = 자본배수	6.02
조정자본총액(원)	2,318
주식 수(총 주식-자사주)	30,000,000
주당 내재가치(원)	46,550

6) 외부영향(환율, 금리, 유가, 업황, 경쟁) 분석

항공업은 유가와 밀접한 상관관계가 있다. 유가가 오르고 내린다고 해서 여행객이 큰 변동을 주지 않기 때문에 유가가 낮을수록 마진이 좋아지는 사업이 항공업이다. 하지만 유가가 조금씩 상승하는 상황은 마진율이 낮은 저가항공사에게는 좋지 않은 소식이다. 그나마 다행인 점은 셰일가스 개발로 인해 유가가 100달러를 넘는 일이 벌어지지는 않을 것으로 예상된다는 점이다.

환율도 항공사에게 많은 손실을 안겨줄 수가 있다. 항공기를 리스로 대여해올 경우 부채를 달러로 갚는데 환율이 오르면 그만큼 부채가 증가하게 된다. 현재 항공기 대수가 지속적으로 늘며 부채가 2,000억 원이 넘어가고 있는데, 환율마저 오른다면 부채와 비용상승으로 이어진다. 현재 환율은 1,100원 선으로 안정적인 편이나 언제 더 오를지 알 수 없는 상황이기에 환율이 내리고 오름에 따라 이를 예상해볼 수가 있다.

저가항공사는 비용이 가장 강력한 무기라서 독보적인 브랜드를 보유하기란 어려운 일이다. 저가항공사는 상당히 많이 존재하고, 이 중 가장 강력한 경쟁자는 제주항공과 에어아시아다. 브랜드 면에서 제주항공과 치열한 경쟁 중이고, 가격 면에서는 에어아시아가 우위를 점하고 있다. 희망적인 부분은 진에어는 대한항공의 자회사로 정비 등 여러 면에서 기댈 수 있다는 점이다.

사드문제로 중국지역 수요가 감소하자 일본과 동남아노선 수요개발에 집중하는 등 높은 성장을 보이고 있는 점은 향후 더 높은 성장을 기대해볼 수 있다.

7) CEO 능력과 도덕성

진에어는 공동대표 체제로 다른 항공사와 다른 점은 정비 전문가를 대표로 앉혔다는 점이다. 저가항공사는 불안하다는 인식을 잠재우고, 다른 저가항공사에 비해 안정성에서 차별화를 두려는 전략으로 보인다. 오랜 시간 동안 매출을 계속 늘려온 유능한 전문경영인을 보유하고 있으며, 비행기 구입과 장거리노선 개척 등 지속적인 성장에 중점을 두고 노력하는 모습이 투자자에게 신뢰를 주고 있다.

2 : 제주항공

1) 기본 주주이익

단위 : 억 원

	구분	2013년	2014년	2015년	2016년	2017년
A	당기순이익	194	320	472	530	778
B	유형자산 감가상각비	71.4	66.4	73	105.2	204.1
	무형자산 상각비	6.3	17.5	24.5	35.4	48
C	CAPEX	140	39	406	304	1,332
A+B-C	기본주주이익	131.7	364.9	163.5	366.6	−301.9

순이익 성장률이 상당히 높은 편으로 투자하고 싶은 마음이 들게 하는 기업이다. 중소형 항공기를 25대 보유하고 있으며, 탑승객 기준 15%의 점유율을 차지하고 있다. CAPEX가 갑자기 증가했는데 갑작스러운 증가는 보통 건물을 짓거나 설비증설 등을 하는 경우가 많다. 실제로 알아본 결과 홍대입구역에 17층, 300실 규모의 호텔을 짓고 있는 중이었다. 그래서 2017년에 건설 중인 자산이 860억 원이나 증가하면서 이 CAPEX가 나오게 됐다. 즉, 1,332억 원에서 860억 원을 빼면 우리가 원하는 CAPEX는 472억 원이 나온다. 조정한 주주이익은 558억 원이 나온다.

2) 운전자본 증가분

2015년부터 운전자본이 갑자기 급증했다가 다시 800억 원 수준으로 감소했다. 운전자본의 폭이 크고, 매출액 대비 비율도 제각각이므로 여기서 나온 값을 주주이익에 반영하기는 어려워 보인다.

구분		2013년	2014년	2015년	2016년	2017년
A	유동자산	1,049.1	1,780.5	3,554.8	4,377.6	4,500.8
B	유동부채	968.9	1,359.3	2,000.1	2,608.6	3,682.5
A-B	운전자본(C)	80.2	421.2	1,554.7	1,769	818.3
	매출액(D)	4,323	5,106	6,081	7,476	9,964
평균%	운전자본증가율	-147.9%	425.2%	269.1%	13.8%	-53.7%
평균%	매출액증가율	26.7%	18.1%	19.1%	22.9%	33.3%
C/D×100	비율	1.9%	8.2%	25.6%	23.7%	8.2%
운전자본비율평균		13.5%				

3) 연결에 빠진 계열사 이익

이 기업도 연결이익에 포함시킬 만한 계열사가 존재하지 않았다.

4) 자본총액은?

제주항공도 2005년에 설립된 기업으로 자본에 새로 반영할 만한 부동산 자산은 없다. 다만, 최근 2년간 취득한 230억 원 수준의 리스개량 자산은 비행기를 리스 후 항공사 입맛에 맞게 내부인테리어를 한 비용이다. 이를 매각 시 제값을 받을 수는 없어 유형자산에서 빼야 하나 감가상각비를 충분히 적용하고 있으므로 이를 굳이 수정하지 않기로 했다.

5) 내재가치는?

자본배수가 2.81로 진에어에 비해 낮은 수치다. 진에어는 순이익이 급성장해서 높은 자본배수를 받았고, 제주항공은 이에 비해 안정적으로 꾸준히 성장 중이라 자본배수가 훌륭함에도 진에어에 비해 낮은 편이다. 내재가치는 35,000원으로 현 주가 4만 7,000원은 고평가인 상태로 보인다. 2017년 1월에 내재가치와 주가가 일치한 적이 있었는데 이때가 매입할 수 있는 시기였다. 현재 이 주식을 사기에는 다소 가격부담이 있고, 기회가 주어질 때 매입하면 꾸준히 그리고 높은 성장을 가져다줄 주식으로 보인다.

할인율	6%
자본효율(ROE)	16.8%
자본효율/할인율 = 자본배수	2.81
조정자본총액(원)	3,314억
주식 수(총 주식-자사주)	26,356,758
주당 내재가치(원)	35,285

6) 외부영향(환율, 금리, 유가, 업황, 경쟁) 분석

외부영향은 진에어와 같다. 환율, 유가, 중국 관광객 이 3가지가 가장 큰 변수로 작용할 것으로 보인다. 그리고 다른 저가항공사들과 치열한 경쟁 중인데 이를 어떤 식으로 경쟁력을 갖출지에 대한 숙제가 있다.

7) CEO 능력과 도덕성

제주항공은 저가항공사를 넘어서 우리나라 3위 항공사로 이미지를 굳히기 위해 지속적인 투자를 하고 있다. 특히 수익성이 낮은 비용경쟁을 떠나 고객이 편리하게 느끼도록 하기 위해 IT와 서버에 집중 투자를 하고 있는 모습은 앞으로 브랜드 가치가 향상될 것을 예상할 수가 있고, CEO가 당장의 이익이 아닌 먼 미래를 보는 사람임을 알 수 있다. 이런 훌륭한 CEO를 보유해야 기업이 지속적으로 성장할 수가 있다.

진에어와 제주항공 어디에 투자해야 할까?

항공사에서 가장 높은 비중을 차지하는 자산인 항공기체와 엔진의 내용연수가 진에어는 11.3년, 제주항공은 20년으로 잡고 있다. 거의 두 배 차이가 나는데 이는 감가상각비에서 격차가 벌어진다. 아무래도 내용연수를 짧게 잡은 기업이 나중에 보너스 이익이 날 수도 있기 때문에 진에어가 좀 더 매력적으로 느껴진다.

진에어가 대한항공의 계열사라면 제주항공은 애경그룹의 계열사로 지원을 받을 수 있는 현금동원력 있는 모기업이 존재한다. 이런 점은 분명한 장점으로 보이나 진에어보다는 모기업과의 시너지가 없는 점이 다소 아쉽기는 하다. 그래서 항공-쇼핑-호텔로 이어지는 시너지를 만들기 위해 호텔을 건설 중인 것으로 보인다.

반대로 진에어의 단점은 대한항공일 수 있다. 항공노선이 겹치기 때문에 대한항공의 고객수요를 진에어가 뺏는 것이 아닌가 하는 우려를 떨칠 수가 없다. 현재 동남아, 하와이 그리고 앞으로 유럽 노선이 생기면 대한항공과 겹치는 노선은 더욱 증가하게 된다. 이에 반해 제주항공은 계열사와 겹치는 노선이 없어 무한한 확장성을 가지고 있다.

투자를 하라면 둘 다 훌륭하지만 현재 더 높은 매출, 이익 성장률과 높은 자본배수를 보이는 진에어를 고민 없이 택할 것이다. 현재 진에어는 바겐세일 중이기 때문이다. 하지만, 항공사에 투자하는 것을 꺼리는 버핏이라면 두 회사 모두 매력적으로 느끼지 못할 수도 있다.

📊 통신의 제왕 : SK텔레콤 VS LG유플러스

1 : SK텔레콤

1) 기본 주주이익

단위 : 억 원

	구분	2013년	2014년	2015년	2016년	2017년
A	당기순이익	16,095	17,993	15,159	16,601	26,576
B	유형자산 감가상각비	28,297.8	28,918.7	29,934.9	30,685.6	32,475.2
	무형자산 상각비	0	0	0	0	0
C	CAPEX	28,791	30,080	24,788	24,905	27,159
A+B-C	기본주주이익	15,601.8	16,831.7	20,305.9	22,381.6	31,892.2

당기순이익으로 보면 별로 이익이 늘지 않는 것처럼 보이지만 감가상각비를 더하고 CAPEX를 빼면 실제로 주주이익은 급격히 늘어나고 있음을 알 수 있다. 통신업이라는 안정적인 사업이 이런 성장성을 보여준다는 것은 꽤 매력적인 사업을 하고 있음을 알 수 있다. 실제로는 자회사인 SK하이닉스가 반도체메모리 시장 호조로 인한 영향이 크다.

감가상각비도 이익에 비례해서 안정적인 모습을 보여주고, CAPEX도 점차 줄어드는 모습을 보여주며 실제 주주이익이 증가하는 모습이다.

2) 운전자본 증가분

매출액이 힘겹게 증가하는 모습이 아쉽다. 정부정책상 지속적인 통신료 인하 요구를 받기 때문인데 통신업이 현재 3개 회사가 독점을 하

구분		2013년	2014년	2015년	2016년	2017년
A 유동 자산	매출채권	22,573.2	23,921.5	23,448.7	22,409.3	21,260.1
	미수금	6,436	6,905	6,737.4	11,214.4	12,608.4
	미수수익	119.4	101.3	107.5	27.8	39.8
	선급금	209.7	707.7	965.7	556.8	498.6
	선급비용	1,089.1	1,344	1,519.8	1,691.7	1,970.5
	기타	43.1	48.2	26.1	64.3	60.1
	이연법인세자산					
	재고자산	1,771.2	2,676.7	2,735.6	2,598.5	2,724
B 유동 부채	매입채무	2,147.2	2,755	2,797.8	4,024.5	3,517.10
	미지급금	18,640.2	13,818.5	13,234.3	17,678	18,670.7
	선수금					
	예수금	7,289.4	10,530.6	8,653.3	9,640.8	9,615
	미지급비용	9,881.9	9,524.2	9,207.4	11,258.2	13,279.1
	보증금	667.8	510.8	409.9	662.3	520.6
	이연법인세부채	1,123.2	992.4	3,817.9	4,749.3	2,197.9
	기타유동부채	5,446.6	4,562.6	3,611.3	3,629.9	3,370.3
A−B	운전자본(C)	−12,954.6	−6,989.7	−6,191.1	−13,080.2	−12,009.2
	매출액(D)	166,021	171,638	171,367	170,918	175,200
평균%	운전자본증가율		−46.0%	−11.4%	111.3%	−8.2%
평균%	매출액증가율		3.4%	−0.2%	−0.3%	2.5%
C/D×100	비율	−7.8%	−4.1%	−3.6%	−7.7%	−6.9%
	운전자본비율평균			−6.0%		

고 있기 때문에 국가의 견제를 받을 수밖에 없다. 하지만 5G 기술의 발달로 또 다른 요금제가 등장하고 그에 따라 매출도 증대될 것으로 예상된다. 운전자본은 앞의 방식으로도 마이너스가 나왔고, 단순하게 유동자산에서 유동부채를 빼도 마이너스가 나와 운전자본 파악이 불가능했다. 단순히 재고자산+매출채권−매입채권을 계산해봤을 때는 2조 원이 넘는 운전자본이 나오고, 이는 매출 대비 12% 수준을 보여주고 있다.

3) 연결에 빠진 계열사 이익

매도가능 금융자산 일부인 2,960억 원을 순이익이 반영해서 현재 보유한 주식은 9,359억 원이다. 이 회사가 보유한 계열사가 워낙 많아 일일이 이를 분석하기는 쉽지가 않다.

4) 자본총액은?

유형자산 중 토지가 8,359억 원, 건물이 1조 6,048억 원으로 잡혀 있는데 원가로 계산하고 있고, 자산재평가를 통해 자본조정을 하고 싶으나 이미 16조 원이 넘는 자본을 가진 기업에서 이 부분을 더 찾아내도 큰 영향을 주지는 못할 것으로 판단된다.

무형자산 중에는 특이하게 주파수이용권이 있는데 2조 5,808억 원으로 2.1GHz와 2.6GHz를 보유하고 있다. 통신사의 경우 주파수이용권은 무형자산이나 사업에 있어 매우 중요한 자산이므로 이를 유형자산 만큼 중요시 여겨야 한다.

5) 내재가치는?

할인율	6%
자본효율(ROE)	17.7%
자본효율/할인율 = 자본배수	2.95
조정자본총액(원)	18조 292억
주식 수(총 주식-자사주)	80,745,711
주당 내재가치(원)	658,285

가장 안정적인 사업인 통신업에 업계 1위, 3사 독점권이라는 이점은 이 기업의 안정성이 최상위급임을 확인시켜준다. 그래서 할인율은 6%로 보고, 자본효율을 17.7%로 보면 자본배수는 2.95가 나온다. 포화된 시장에서 충분히 매력적인 성장률을 보여주고 있고, 이를 반영한 내재가치는 약 66만 원이 나온다. 현재 주가는 20만 원으로 내재가치 대비 1/3 가격에 시장에서 매매가 되고 있다.

내수 독점, 시장점유율 1위, 안정적인 현금창출능력, 꾸준한 성장, 내재가치 대비 절반인 주가는 당장 전 재산을 투자해도 될 만큼 매력적인 투자로 볼 수 있다. 다만 매출이 늘지 않고 있는 점이 유일한 고민거리로 보인다.

6) 외부영향(환율, 금리, 유가, 업황, 경쟁) 분석

통신업은 전형적인 내수산업으로 경기를 타지 않아 꾸준한 현금창출이 가능하다. 리스크가 거의 없는 사업임에도 영향을 줄 수 있는 것

은 정부의 요금 인하 압박이다. 기본료 인하, 데이터 요금 인하, 4이동
통신 도입 등 이익 하락에 영향을 줄 만한 소지가 많다.

또한 매출이 늘고 있지 않는데 이는 내수산업으로 해외 진출이 어렵
다는 점도 한몫을 하고 있다. 요금 인상 등으로 매출 성장을 이끌어야
한다는 점에서 한계성이 여실히 드러난다.

7) CEO 능력과 도덕성

수십 년 동안 안정적인 사업을 펼쳤고, 특별히 해외 진출을 하지 않
는 이상 이 기업은 안정적인 성장세를 이뤄갈 것이다. 어쩌면 어떤
CEO가 와도 기업이 흔들리지 않을 정도로 탄탄한 사업을 하고 있어
서 CEO 리스크가 약한 기업으로 판단된다.

2 : LG유플러스

1) 기본 주주이익

단위 : 억 원

구분		2013년	2014년	2015년	2016년	2017년
A	당기순이익	2,795	2,277	3,512	4,927	5,471
B	유형자산 감가상각비	12,043	13,344	14,341.3	14,737.5	14,414.4
	무형자산 상각비	1,103.5	1,710.1	1,748.1	1,797.6	2,448.7
C	CAPEX	17,363	21,448	13,754	12,836	11,826
A+B−C	기본주주이익	−1,421.5	−4,116.9	5,847.4	8,626.1	10,508.1

2년 연속 매출이 6~7%씩 증가하면서 당기순이익도 지속적으로 성

장하는 모습을 보여주고 있다. 주가도 이에 부응해서 7년간 3배가 됐다. 신기한 것은 주주이익이 적자를 지속하는 중에도 주가는 오르고 있었다는 점이다.

통신업 특성상 지속적으로 회선에 대해 투자를 해야 하므로 CAPEX가 많이 들어가는데 2015년 이후 이 비용이 많이 줄어들어서 당기순이익이 높게 나오기 시작했다. 당분간 큰 투자가 끝났다는 뜻인데 다시 5G 기술 경쟁에 뛰어들면 또 CAPEX가 증가할 것으로 예상된다.

2) 운전자본 증가분

단위 : 억 원

구분		2013년	2014년	2015년	2016년	2017년
A 유동 자산	매출채권	15,642.3	14,410.8	15,143.5	15,669.8	19,382.2
	미수금	1,635.4	1,917.6	1,992.4	2,859.7	1,552.6
	미수수익	3.7	4	1.6	0.7	1.7
	선급금	361.6	307.2	255.5	228.2	236.6
	선급비용	932	915.5	1,086.9	1,062.9	1,050.9
	기타			562.4	13.6	
	이연법인세자산		2.6	3.8	1.9	1.5
	재고자산	3,945.3	2,760.3	3,648.4	2,616.2	3,345.2
B 유동 부채	매입채무	3,629.4	3,024	3,097.8	2,983.9	5,156.30
	미지급금	11,410.7	11,242	10,448.3	9,942.8	9,368.6
	선수금					
	예수금	1,513.8	1,477.5	2,133.2	2,471.7	3,209.4
	미지급비용	6,890.7	6,442.1	6,921.7	8,087.6	8,082.9
	보증금					
	이연법인세부채	46.3	285.3	569.4	899.8	1,050.5

	기타유동부채	1,520.9	1,096.5	857.8	758.9	909
A−B	운전자본(C)	−2,491.5	−3,249.4	−1,333.7	−2,691.7	−2,206
	매출액(D)	114,503	109,998	107,952	114,510	122,794
평균%	운전자본증가율		30.4%	−59.0%	101.8%	−18.0%
평균%	매출액증가율		−3.9%	−1.9%	6.1%	7.2%
C/D×100	비율	−2.2%	−3.0%	−1.2%	−2.4%	−1.8%
	운전자본비율평균			−2.1%		

LG유플러스도 위와 같은 방법으로는 운전자본을 구할 수가 없기에 재고자산+매출채권−매입채무를 통해 계산해보면 1.8조 원의 운전자본이 들어가는 것으로 볼 수 있다. 운전자본은 매출액 대비 14.7%를 차지한다.

3) 연결에 빠진 계열사 이익

매도가능 금융자산 중 주주이익에 더할 만한 의미 있는 지분증권은 없었다.

4) 자본총액은?

토지가 6,500억 원 수준으로 5년간 공시지가상승에 따라 가치가 증가했고, 자본에 큰 영향을 줄 정도가 되지는 못한다.

5) 내재가치는?

SK텔레콤과 마찬가지로 우량등급을 부여하면 할인율은 6%가 나온다. 자본효율이 20%고 자본배수는 3이 넘는다. 이를 통해 주당 내재가치를 구하면 4만 원이 된다. 현 주가인 1만 2,000원은 1/3 수준밖에 되지 않는 저평가 상태다. 이를 보면 통신업 전체가 내재가치에 비해 저평가 돼 있다는 점을 알 수 있다. 성장의 한계 때문에 주가가 할인된 것으로 보이는데 좀 더 그 부분에 대해 분석해볼 필요가 있다.

할인율	6%
자본효율(ROE)	20.1%
자본효율/할인율 = 자본배수	3.35
조정자본총액(원)	5조 2,330억
주식 수(총 주식-자사주)	436,611,361
주당 내재가치(원)	40,112

6) 외부영향(환율, 금리, 유가, 업황, 경쟁) 분석

SK텔레콤과 마찬가지로 전통적인 내수주로 환율, 금리, 유가에 영향이 없는 안정적인 사업을 하는 기업이다. 다만, 시장과포화로 성장의 한계가 명확하기 때문에 요금 인상이나 M&A 외에는 더 이상 성장을 기대할 수가 없다. 해외 통신사를 인수하기에는 인수비용과 시설투자비가 너무 많이 들어서 국내경쟁에서 뒤쳐질 수가 있고, 이대로 그냥 캐쉬카우(Cash Cow)로 있자니 아쉽기만 하다.

7) CEO 능력과 도덕성

통신업 특성상 CEO의 능력이 크게 영향을 끼치지 않는 편이며, LG 그룹 전체 도덕성이 뛰어난 편으로 이 부분에 대해 우려할 점은 없다.

SK텔레콤과 LG유플러스 어디에 투자해야 할까?

두 통신사 모두 내재가치 대비 저렴한 주가는 분명 매력적이다. 이 부분에 있어서 둘 다 내재가치 대비 1/3 수준의 주가를 유지하고 있으나 ROE와 자본배수가 약간 더 높은 LG유플러스에 투자하는 것이 더 좋아 보일 수도 있다.

다만 내수주로서 성장의 한계를 극복해야 하는데 SK텔레콤은 하이닉스를 인수함으로써 성장성을 더했고, 통신업계에서 절대적인 강자로 군림하고 있다. 즉, 강력한 브랜드 가치를 가지고 있다. 이에 반해 LG유플러스는 성장성의 문제해결책을 찾지 못했고, 다시 5G 기술로 대규모 투자가시작되면 다시 예전처럼 힘든 시기를 보낼 수도 있다.

그런 점에서인지 통신업종이 예전에는 보유한도까지 외국인들이 다 보유했는데 지금은 20% 정도가 빠졌다. 아마도 대대적인 투자가 수익을 저해할 것으로 예상하는 분위기다.

이런 점에서 반도체 시장이 계속 좋을 것으로 예상된다면 SK텔레콤에 투자하는 편이 낫고, 전통적인 방법대로 좀 더 저평가, 고ROE기업에 투자한다면 LG유플러스가 더 매력적이다.

처음에는 열심히만 일하면 돈을 버는 줄 알았다. 돈을 벌고 나서 보니 일을 해서 버는 돈으로는 한계가 있음을 금세 알게 됐다. 재테크의 필요성을 느끼고 난 후에서야 주식, 부동산이라는 단어가 들리기 시작했다. 그렇게 주식에 대해서 한참을 공부하고 나서야 버핏이 한 말이 들리기 시작했다.

"싸게 사서 비싸게 팔아라."

이 말에 모든 재테크의 비법이 담겨 있다는 것을 진심으로 느끼는 순간 다시 버핏이 했던 말들을 곱씹어 보게 됐다.

욕심이 많은 사람들은 재테크를 그저 돈을 많이 버는 것이라고 일차원적으로 생각한다. 그래서 수익률이 높다는 말에 욕심을 주체하지 못하고 투자해 돈을 잃는다.

재테크는 돈과 시간이라는 두 가지 개념이 들어 있다. 그래야 입체적인 사고가 가능하다. 시간이 지날수록 돈이 눈덩이처럼 불어나는 주식이 있고, 시간이 지나도 물가상승률만도 못한 수익률을 보여주는 주식이 있다. 시간이라는 개념이 존재하면 손실은 돈을 잃는 것 이상으로 큰 손해를 안겨다 준다. 다시 회복할 수 있는 시간이 없다는 것은 이번 인생에서 부자가 될 가능성이 없다는 것을 확정 짓는 것이기 때문이다. 그런데 사람은 한 번의 인생밖에 주어지지 않는다. 결국, 원금을 잃는 일은 돈을 잃고, 시간을 잃고, 인생을 잃는 일이다. 그래서 버핏의 투자 원칙 첫째는 원금을 잃지 않는 것이고, 둘째는 첫째 원칙을 잊지 않는 것이다. 최소한 원금을 잃지 않으면 다시 도전할 기회가 온다. 그러므로 주변에 과속운전으로 돈을 벌었다는 소문에 휩싸이지 말고, 법규를 지키며 자신의 갈 길을 운전하자.

그리고 이 원칙이 주식에만 국한된다고 생각하지 말자. 주식을 잘하는 사람은 사업도 잘하고, 부동산도 잘하고, 직장생활도 잘하고, 세상의 이치도 잘 이해한다. 다방면에서 가치 투자를 통해 돈뿐만 아니라 모든 것들을 가질 수 있는 부자가 되기를 바란다.

이제 부의 원리를 깨달았으니 바로 행동으로 실천하자.

| 참고문헌 |

- 이민주, 《워렌 버핏처럼 재무제표 읽는 법》, 살림비즈, 2008.

- 이은원, 《워렌 버핏처럼 적정주가 구하는 법》, 부크홀릭, 2009.

- 김철상, 《쥬라기, 부자가 되는 0.4%의 비밀》, 지식노마드, 2012.

- 임우택, 《코스닥 X파일》, 한스미디어, 2013.

- 박동흠, 《박 회계사의 재무제표 분석법》, 부크온, 2015.

- 워런 버핏 지음, 로렌스 커닝햄 엮음, 이건 옮김, 《워런 버핏의 주주서한》, 서울문화사, 2015.

- 사경인, 《재무제표 모르면 주식 투자 절대로 하지 마라》, 베가북스, 2016.

하루 만에 대박 주식 찾는
워렌 버핏의 재무제표 파헤치기

제1판 1쇄 | 2018년 8월 24일
제1판 4쇄 | 2021년 12월 15일

지은이 | 전인구
펴낸이 | 유근석
펴낸곳 | 한국경제신문*i*
기획제작 | (주)두드림미디어
책임편집 | 배성분

주소 | 서울특별시 중구 청파로 463
기획출판팀 | 02-333-3577
E-mail | dodreamedia@naver.com
등록 | 제 2-315(1967. 5. 15)

ISBN 978-89-475-4388-0 (03320)